BAEDEKER SMART

Dresden

Wie funktioniert der Reiseführer?

Wir präsentieren Ihnen Dresdens Sehenswürdigkeiten in vier Kapiteln. Jedem Kapitel ist eine spezielle Farbe zugeordnet.

Um Ihnen die Reiseplanung zu erleichtern, haben wir alle wichtigen Sehenswürdigkeiten jedes Kapitels in drei Rubriken gegliedert: Einzigartige Sehenswürdigkeiten sind in der Liste der »TOP 10« zusammengefasst und zusätzlich mit zwei Baedeker Sternen gekennzeichnet. Ebenfalls bedeutend, wenngleich nicht einzigartig, sind die Sehenswürdigkeiten der Rubrik »Nicht verpassen!« Eine Auswahl weiterer interessanter Ziele birgt die Rubrik »Nach Lust und Laune!«.

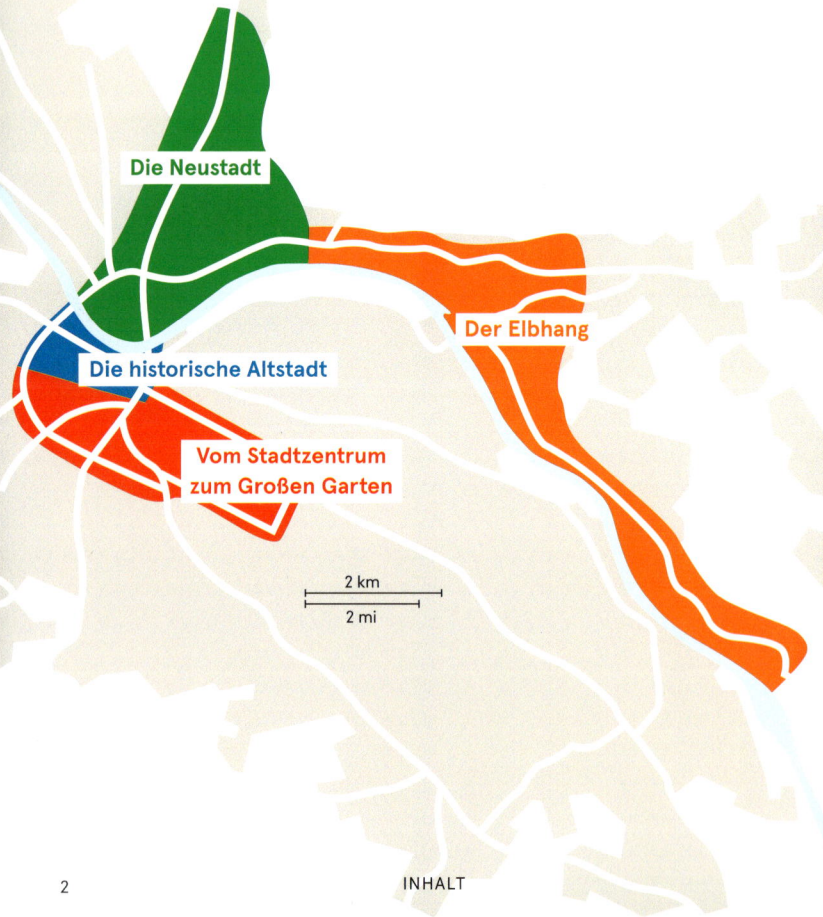

Die Neustadt

Der Elbhang

Die historische Altstadt

Vom Stadtzentrum zum Großen Garten

2 km
2 mi

Magische Momente

Kommen Sie zur rechten Zeit an den richtigen Ort
und erleben Sie Unvergessliches.

Der Fürstenzug in der Augustusstraße ist die Ahnengalerie der Wettiner Herrscher.

Theaterplatz mit Semperoper und König-Johann-Denkmal

★★ Baedeker Topziele

Unsere TOP 10 helfen Ihnen, von der absoluten Nummer eins bis zur Nummer zehn, die wichtigsten Sehenswürdigkeiten einzuplanen.

❶ ★★ Frauenkirche
Sie ist das neue alte Wahrzeichen Dresdens. Im Zweiten Weltkrieg zerstört, war sie lange aus dem Stadtbild verschwunden. Seit dem Jahr 2005 prägt die mächtige Kuppel der Frauenkirche wieder die beeindruckende Silhouette der Altstadt (S. 40).

❷ ★★ Zwinger & Gemäldegalerie Alte Meister
Das einzigartige Meisterwerk des sächsischen Barocks. In den Pavillons und im angrenzenden Semperbau sind zudem vier der bedeutendsten Dresdner Museen untergebracht (S. 44).

❸ ★★ Residenzschloss
Über vier Jahrhunderte residierten hier Kurfürsten und Könige. Heute sind deren Schätze im Grünen Gewölbe und in der Rüstkammer zu bewundern. Top: der Rundblick vom Hausmannsturm (S. 52).

❹ ★★ Semperoper & Theaterplatz
Ein einzigartiges Platzensemble bildet den feierlichen Rahmen für eines der berühmtesten Opernhäuser der Welt (S. 58).

❺ ★★ Brühlsche Terrasse
Der 500 m lange »Balkon Europas« ist die wohl schönste Flaniermeile Dresdens. (S. 62).

❻ ★★ Schloss & Park Pillnitz
Die Sommerresidenz des Dresdner Hofes ist eine der außergewöhnlichsten Schlossanlagen Sachsens und eine perfekte Symbiose von Architektur und Natur (S. 138).

❼ ★★ Elbschlösser
Drei Schlösser aus dem 19. Jh. liegen am Elbhang zwischen Weinbergen und Parks – im Morgennebel wirken sie wie aus dem Märchen (S. 142).

❽ ★★ Körnerplatz
Hier gibt es hübsche Fachwerkhäuser mit Kunstgewerbeläden, zwei Bergbahnen, gemütliche Cafés und den Blick auf das berühmte »Blaue Wunder« (S. 144).

❾ ★★ Großer Garten
Die größte und schönste Parkanlage der Stadt: mit Alleen und Teichen, Freilichtbühnen, Botanischem Garten, Zoo und Parkeisenbahn (S. 112).

❿ ★★ Äußere Neustadt
Im lebendigsten Viertel Dresdens gibt es jede Menge Kneipen und Bars, Galerien und hippe Läden – und mit der Kunsthofpassage ein Hinterhof-Gesamtkunstwerk (S. 82).

Ein Gefühl für Dresden bekommen ...

Erleben, was die Stadt ausmacht, das einzigartige Flair und die Lebenslust der Metropole spüren. Denn Dresden kann mehr als Barock.

Volldampf voraus

Mit ohrenbetäubendem Tuten und für die Brückendurchfahrt abgesenktem Schornstein legen die Schaufelraddampfer (S. 66) ab. Vorbei an der Dresdner Altstadt geht es zum Blauen Wunder (S. 144), dem Schloss Pillnitz (S. 138) oder bis in die Sächsische Schweiz (S. 156). Während der Fahrt kann man die Messinginstrumente bestaunen, dem Rauschen der Schaufelräder lauschen oder im Restaurant ein Paar »Dampfwürstchen« genießen.

Wiesenglück

Schon bei den ersten warmen Sonnenstrahlen im Frühling belagern Menschen jeden Alters die Elbufer, gern direkt gegenüber der Altstadt oder flussaufwärts unterhalb des Neustädter Rosengartens (S. 95). Wer keine Lust hat, einen Picknickkorb zu packen, setzt sich in den Fährgarten Johannstadt und beobachtet die unermüdlich den Fluss kreuzende Fähre »Johanna«.

Zeitreise

Irgendwo kräht ein Hahn, die Sonne geht auf – und Sie blicken vom Turm der Hofkirche (S. 60) hinab auf das barocke Dresden und das Treiben in seinen Straßen. Im Rundbau eines ehemaligen Gasometers schuf der Künstler Yadegar Asisi ein 360-Grad-Panorama, 27 m hoch und 105 m im Umfang. Aus Panorama und Gasometer wurde das Panometer. Die historischen Momentaufnahmen der Stadt zwischen 1697 und 1763 sind inspiriert von den Gemälden Canalettos (S. 87). In unregelmäßigen Abständen wechselt das Barockpanorama für mehrere Monate mit der Darstellung der zerstörten Stadt unmittelbar nach der Bombardierung am 13. Februar 1945 (S. 18).

Panometer

✉ Gasanstaltstr. 8b ☎ 0351 48 64 42 42 ⊕ www.panometer-dresden.de 🕐 Mo-Fr 10-17 Uhr, Sa, So, Feiertage 10-18 Uhr 🚋 Straßenbahn 1, 2, Liebstädter Straße, S-Bahn S1, S2 Dresden Reick, Bus 64 Nätherstraße
💰 13 €, erm. 11 €

Reizvolle Ausblicke auf die Altstadt Dresdens und die Elblandschaft bietet die Fahrt mit einem der historischen Schaufelraddampfer.

Zum Picknick geht es in Dresden auf die Elbwiesen.

Der Weinberg des Weinguts Klaus Zimmerling liegt auf der Rysselkuppe.

Königlicher Weinberg

Kaum 20 km flussaufwärts vom Dresdner Zentrum bringt das 4,5 ha große Weingut Klaus Zimmerling unverwechselbare Weine hervor. Auf der Lage »Pillnitzer Königlicher Weinberg«, dessen einstiger Besitzer August der Starke (S. 16) war, gedeihen in biologischem Weinbau mit naturschonender Bewirtschaftung Riesling, Grauburgunder, Weißburgunder, Kerner, Gewürztraminer und Traminer. Mitten im Weinberg liegt die Vinothek mit Ausschank. Hier kann man auch die Skulpturen von Ehefrau und Künstlerin Małgorzata Chodakowska bewundern, welche die Etiketten der Weinflaschen schmücken.

Weingut Klaus Zimmerling
✉ Bergweg 27 ☎ 0351 41 39 43 94
⊕ www.weingut-zimmerling.de ◐ Mi–So,
Feiertag 11–18 Uhr

Von Dresdens Balkon ins Elbtal blicken

Der Luisenhof (S. 151) oberhalb des Blauen Wunders (S. 144) im Stadtteil Weißer Hirsch (S. 148) ist eine Dresdner Institution. Vom Gastraum und von der mit Linden bestandenen Terrasse kann man sie genießen: die wohl schönste Aussicht auf das Elbtal (S. 14), vom 5 km Luftlinie entfernten Stadtzentrum mit der winzig scheinenden Frauenkirche (S. 40) über den Dresdner Osten und bei klarer Luft bis hin zur Sächsischen Schweiz (S. 156).

Kneipenhopping

Das Nachtleben in der Dresdner Neustadt (S. 72) findet in den wärmeren Monaten vor allem draußen statt: auf den Terrassen und in den Hofgärten der vielen Kneipen, Cafés und Bars. Vor allem junge Dresdner und Gäste aus aller Herren Länder streifen durch die Straßen und machen es sich auch schon mal auf Schaufensterbänken und Bordsteinen bequem.

Vorfreude, schönste Freude

Die großen Weihnachtsmärkte (S. 126, 192) im Stadtzentrum ziehen jedes Jahr Hunderttausende Besucher an. Kleiner und intimer ist der Weihnachtsmarkt nahe dem Blauen Wunder (S. 144), mit Marktständen von regionalen Künstlern und Kunsthandwerkern vor der romantischen Kulisse der Fachwerkhäuser in der Friedrich-Wieck-Straße (S. 145).

Im Dynamo-Stadion, in dem sonst Fangesänge erklingen, wird es seit ein paar Jahren kurz vor Heiligabend weihnachtlich-festlich. Dann lädt der Dresdner Kreuzchor (S. 20) zu seinem Großen Adventskonzert ein – mit klassischen und modernen, deutschen und internationalen Weihnachtsliedern. Wenn die 130 jungen Sänger das Lied »Sind die Lichter angezündet« anstimmen, verwandelt sich das Stadion in ein Meer aus Tausenden von leuchtenden Smartphone-Lämpchen. Gänsehaut garantiert.

Seit 2022 ist die frisch sanierte altehrwürdige Augustusbrücke für den Individualverkehr gesperrt – die Fußgänger freuts!.

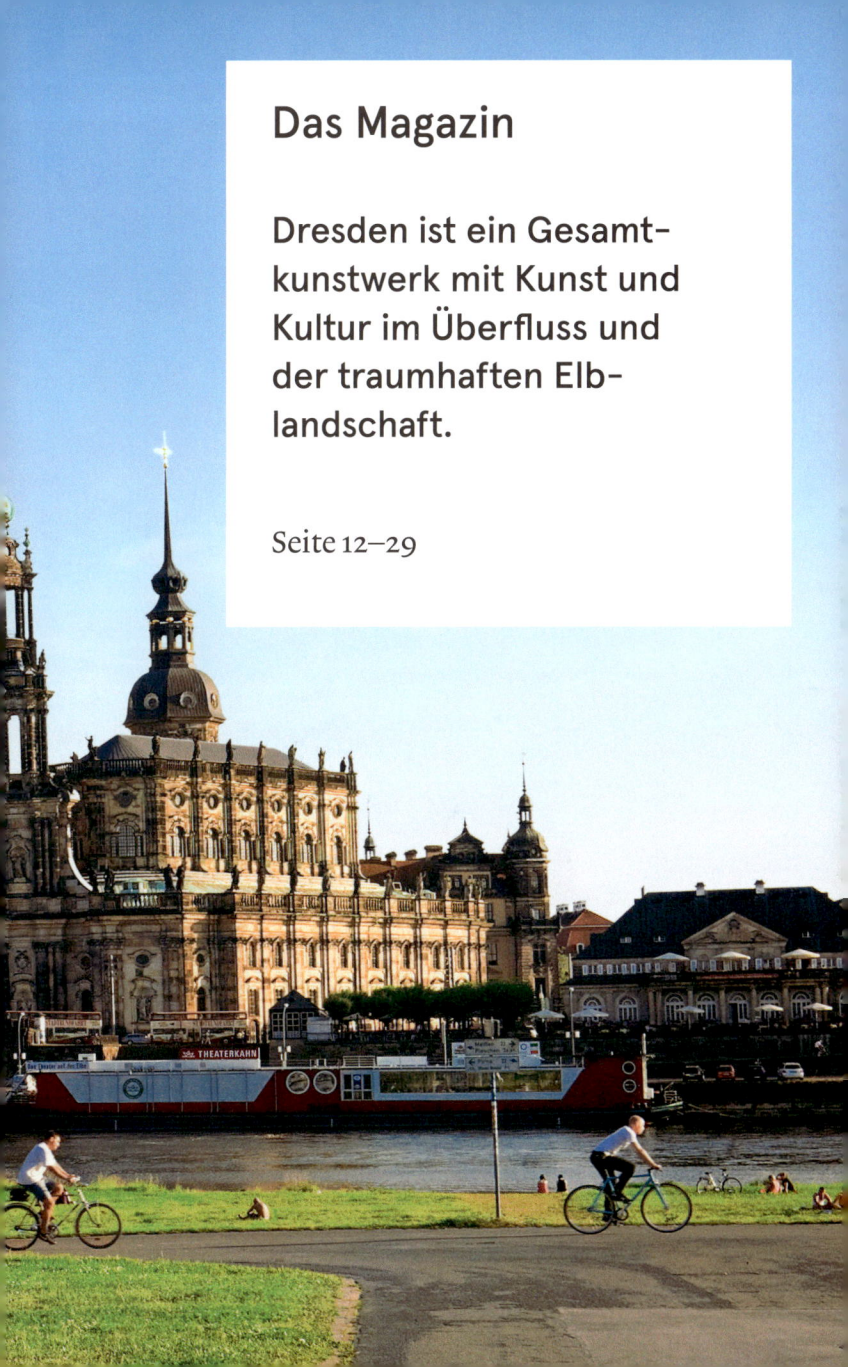

Das Magazin

Dresden ist ein Gesamt-
kunstwerk mit Kunst und
Kultur im Überfluss und
der traumhaften Elb-
landschaft.

Seite 12–29

Die barocke Altstadt zeigt sich in ihrer ganzen Pracht von der Neustadt aus.

Das Elbtal

Dresdens größter Schatz hängt in keinem Museum. Es ist die Elbe samt der von ihr geschaffenen und von Menschenhand gestalteten Landschaft, die sich von der Sächsischen Schweiz bis zu den Weinhängen in Radebeul und Meißen erstreckt.

Auf einer Länge von 30 km fließt die Elbe in weiten Bögen durch Dresden, gesäumt von bis zu 400 m breiten Wiesen und eingerahmt von einer über die Jahrhunderte gewachsenen Kulturlandschaft. August der Starke (S. 16) machte den Fluss einst – inspiriert von einer Venedig-Reise – zu seinem »Canal Grande« und ließ an den Ufern Schlösser und Palais mit Anlegestellen für die höfischen Festgondeln errichten. Dass die Stadt als »Elbflo-

renz« in die Geschichte einging, verdankt sie Johann Gottfried Herder, der sie 1802 »Deutsches Florenz« genannt hatte.

Wein mit Aussicht vom Restaurant Spitzhaus über Radebeul

Lebensader Elbe

Mehr als alles andere bestimmt die Elbe mit ihren unverbauten Flussufern das Lebensgefühl in der Stadt. Bei den ersten warmen Sonnenstrahlen strömen die Dresdner in Scharen zu den Elbwiesen (S. 106). Stolz präsentiert man Besuchern den Blick von der Neustädter Elbseite auf das Altstadtpanorama. Im Sommer verwandeln sich die Elbufer in eine Kulisse für Volksfeste und Open-Air-Kino.

Im Südosten der Stadt, hinter dem 20 km entfernten Pirna (S. 157), hat der Fluss im Zusammenspiel mit Wind und Wetter über Jahrmillionen mit dem Elbsandsteingebirge eine einzigartige Landschaft aus Tafelbergen, bizarren Felsen und romantischen Tälern geschaffen. Große Teile davon bilden die Nationalparkregion Sächsische und Böhmische Schweiz (S. 156).

Sächsische Weinstraße

Zwischen Pirna und Diesbar-Seußlitz erstreckt sich das nach Sachsen benannte nordöstlichste der 13 deutschen Weinanbaugebiete. In Pillnitz (S. 138), unterhalb der Dresdner Elbschlösser (S. 142) und elbabwärts in Radebeul (S. 167) und Meißen (S. 162) prägen Weinberge an terrassierten Hängen, alte Winzerhäuser und Weinbergkirchen das Bild.

Die Winzer im Elbtal können auf eine jahrhundertelange Tradition zurückblicken; die erste urkundliche Erwähnung stammt aus dem Jahr 1161. Ein mildes Klima lässt prächtige Reben gedeihen, und eine Vielfalt an unterschiedlichen Böden verleiht den Weinen ihren typischen Charakter. Angebaut werden vor allem weiße Rebsorten: Müller-Thurgau, Riesling und Weißburgunder. Rund drei Dut-

Die Weinbergkirche von Matthäus Daniel Pöppelmann kuschelt sich an die Pillnitzer Weinberge.

zend Weinbaubetriebe und ca. 2000 Kleinwinzer bewirtschaften heute eine Fläche von gut 500 ha. Zu den bekanntesten Produzenten zählen das Sächsische Staatsweingut Schloss Wackerbarth (S. 167) sowie die Weingüter Schloss Proschwitz, Prinz zur Lippe und Vincenz Richter in Meißen (S. 164). Auf dem 92 km langen Sächsischen Weinwanderweg, bei einer Radtour auf dem Elberadweg (S. 157) oder bei einer Fahrt mit einem der historischen Raddampfer der Sächsischen Dampfschifffahrt (S. 66) ist das Elbtal in seiner ganzen Schönheit zu erleben.

Eine verhängnisvolle Affäre

Sie sind das schillerndste Paar der sächsischen Geschichte: Anna Constantia Gräfin von Cosel und Friedrich August I. Mit ihrer Liaison würden sie heutzutage die Klatschspalten füllen.

Als zweitgeborenem Sohn des sächsischen Kurfürsten Johann Georg III. war Friedrich August eine militärische Karriere in die Wiege gelegt. Doch sein Bruder Johann Georg IV. starb 1694 nach nur drei Jahren Regentschaft, und Friedrich August musste im Alter von 24 Jahren die Regierungsgeschäfte übernehmen. Das einzige Kind aus dessen Ehe mit Christiane Eberhardine von Brandenburg-Bayreuth, Friedrich August II., kam 1696 zur Welt. 1697 und 1709 wurde der zum katholischen Glauben konvertierte Kurfürst zum polnischen König gewählt.

August der Starke …

Friedrich August I., wegen seiner legendären Körper- und Manneskraft »der Starke« genannt, sollte Sachsens glanzvollster Herrscher werden; seinen verschwenderischen Stil hatte er sich beim französischen Sonnenkönig Ludwig XIV. abgeschaut. Die sächsische Residenz entwickelte sich unter seiner Herrschaft zu einer Kunst- und Kulturstadt von europäischem Format.

… und die Gräfin Cosel

Die im holsteinischen Depenau aufgewachsene Anna Constantia von Brockdorff, 1706 vom Kaiser zur Gräfin von Cosel (S. 52, 138) erhoben, war die bekannteste Mätresse Augusts des Starken. Nach der Geburt eines unehelichen Kindes und zwei Jahren glückloser Ehe mit dem Obersteuerdirektor Adolf Magnus von Hoym wurde die schöne und gebildete junge Frau Friedrich Augusts »Gemahlin zur Linken«, ausgestattet mit einem Eheversprechen für den Fall des Todes von dessen rechtmäßiger Gattin. 1713 beendete der Kurfürst die sieben Jahre dauernde Beziehung, aus der drei Kinder hervorgegangen waren – und verlangte

Oben: Kupferstich der Gräfin von Cosel, geborene von Brockdorff und geschiedene von Hoym

Rechts: Die Flucht der Gräfin nach Berlin in Meissener Porzellan

Unten: Büste von August dem Starken

sein Eheversprechen zurück. Anna Constantia verlor Macht, Besitztümer und Sicherheit. Einer Flucht nach Berlin folgte ihre Auslieferung durch die Preußen. Am 24. Dezember 1716 wurde sie auf die Burg Stolpen (S. 138) gebracht, wo sie nach 49 Jahren Gefangenschaft 1765 starb. Ihren Geliebten hatte sie um 32 Jahre überlebt.

Ach du lieber (Friedrich) August

August der Starke war als Friedrich August I. (1670–1733) Kurfürst von Sachsen und ab 1697 als August II. zudem König von Polen. Seinen Namen vererbte er gleich zweimal: an seinen einzigen legitimen Sohn und Nachfolger Friedrich August II. (1696 1763), Kurfürst von Sachsen und als August III. König von Polen, und an Friedrich August von Cosel (1712–1770). Im Stammbaum der Wettiner finden sich auch noch Friedrich August III. (1750–1827), »der Gerechte«, Kurfürst von Sachsen und ab 1806 von Napoleons Gnaden König Friedrich August I. von Sachsen, König Friedrich August II. (1797–1854) und Friedrich August III. (1865–1932), der letzte sächsische König.

Der 13. Februar 1945

Das Datum steht für die größte Katastrophe in der Geschichte Dresdens. In wenigen Stunden legten britische und amerikanische Bomberverbände die Stadt in Schutt und Asche.

Anfang 1945 rückte das Ende des Zweiten Weltkrieges, der Millionen Opfer gekostet hatte, in greifbare Nähe. Viele Dresdner glaubten bereits, noch einmal davongekommen zu sein; die Kunststadt an der Elbe galt gar als der »sicherste Luftschutzkeller des Reiches«. Bis zu jenem 13. Februar 1945. Um 21.39 Uhr heulten die Sirenen. Um 22.13 Uhr fielen die ersten Bomben. In zwei Angriffswellen klinkten über 750 britische Bomber ihre Tod und Zerstörung bringende Last über der Innenstadt aus. Ein dritter Angriff, diesmal durch amerikanische Verbände, erfolgte am Mittag des nächsten Tages. Der von Spreng- und Brandbomben erzeugte Feuersturm hinterließ ein 12 km² großes Trümmerfeld. Mindestens 25 000 Menschen kamen dabei ums Leben. Die Kuppel der ausgebrannten Frauenkirche (S. 40) stand noch bis zum Vormittag des 15. Februars über den rauchenden Ruinen. Dann stürzte das Wahrzeichen Dresdens in sich zusammen.

Wiederaufbau und Versöhnung

Nach dem Krieg wuchs aus den Trümmern der Stadt ein neues Dresden – ein Kraftakt, der noch immer andauert. Viele der in der Bombennacht schwer getroffenen und ausgebrannten einzigartigen Baudenkmäler der historischen Altstadt wurden originalgetreu rekonstruiert. Zwinger (S. 44), Hofkirche (S. 60) und Semperoper (S. 58) erstrahlen längst wieder in altem Glanz, die Bauarbeiten am Residenzschloss (S. 52) nähern sich ihrem Ende. Die Wiedergeburt der Frauenkirche und ihre Weihe im Herbst 2005 kam einer Krönung des Aufbauwerks gleich. Die Kirche wurde zu einem Sinnbild der Versöhnung. Menschen aus der ganzen Welt – darunter viele Amerikaner und Briten, nicht nur aus Dresdens Partnerstadt Coventry – unterstützten das Werk mit Spenden. Das neue Turmkreuz schuf Alan Smith (S. 43), der Sohn eines am Angriff auf Dresden beteiligten britischen Bomberpiloten.

Das Stadtzentrum von Dresden nach der Zerstörung am 13. Februar 1945

Große Namen

Dresden war immer ein Anziehungspunkt für Künstler, Musiker, Baumeister und Kunsthandwerker aus ganz Europa. Die Stadt verfügt über ein einzigartiges Erbe, das mit Stolz gepflegt wird.

Mit der 1548 als Hofkapelle gegründeten Sächsischen Staatskapelle Dresden (S. 59) und der 1870 aus einer alten Ratsmusiktradition hervorgegangenen

Richard Wagner (1813–1883) war in Dresden Hofkapellmeister. Drei seiner Opern – »Rienzi«, »Der fliegen-

Über 40 Jahre wirkte der Bildhauer Balthasar Permoser (1651–1732) in Dresden. Von ihm stammt die Kanzel in der Hofkirche.

Der Dresdner Kreuzchor mit 130 jungen Sängern, den Kruzianern, feierte 2016 den 800. Jahrestag seines Bestehens.

Dresdner Philharmonie (S. 127) hat die Stadt zwei Orchester von Weltrang aufzuweisen. Heinrich Schütz (1585–1672) komponierte in Dresden »Die Tragicomoedia von der Dafne«, Carl Maria von Weber (1786–1826, S. 59) – dessen Namen die Dresdner Musikhochschule trägt – schrieb an der Elbe seinen »Freischütz«. Auch

de Holländer« und »Tannhäuser« – erlebten hier ihre Uraufführung. Richard Strauss (1864–1949) nannte die Sächsische Staatskapelle »das beste Opernorchester der Welt«. Neun seiner Opern wurden in Dresden uraufgeführt, darunter »Der Rosenkavalier«.

Tanz

Die Geschichte des modernen Tanzes begann in Dresden mit der 1910 durch den Musikpädagogen Émile Jacques-Dalcroze (1865–1950, S. 171) gegründeten Bildungsanstalt für Rhythmische Gymnastik. Die Tänzerin und Choreografin Mary Wigman (1886–1973) gründete 1920 in Dresden ihre Schule, die sich zum Zentrum des Ausdruckstanzes entwickelte. Gret Palucca (1902 bis 1993) eröffnete 1925 eine Schule für den Neuen Künstlerischen Tanz.

Literatur

Vorübergehend in Dresden und später in Radebeul (S. 167) zu Hause war der Abenteuerschriftsteller Karl

Tagebüchern Zeugnis ab über die Judenverfolgung in Dresden.

Bildende Kunst

Über 40 Jahre wirkte mit Balthasar Permoser (1651–1732) einer der bedeutendsten Bildhauer des Barocks in Dresden. Der Venezianer Bernardo Bellotto, genannt Canaletto (1721–1780), prägte mit seinen Stadtansichten das Bild des barocken Dresdens. Berühmte Maler lebten und arbeiteten in Dresden: Caspar David Friedrich (1774–1840), Adrian Ludwig Richter (1803–1884), Robert Sterl (1867–1932), Oskar Kokoschka (1886–1980), Otto Dix (1891–1969) und Hans Grundig (1901–58). Prominente zeitgenössi-

Canaletto malte Dresden vom rechten Elbufer in mehreren Versionen.

Die Palucca Hochschule für Tanz Dresden ist die einzige eigenständige Tanzhochschule in Deutschland.

May (1842–1912). Dresdens berühmtester Schriftsteller, Erich Kästner (1899–1974, S. 92), setzte seiner Geburtsstadt mit dem Buch »Als ich ein kleiner Junge« war ein Denkmal. Victor Klemperer legte mit seinen

sche Künstler wie Gerhard Richter (geb. 1932) und A. R. Penck (1939–2017) haben in der Elbestadt ihre Wurzeln. Von der Künstlergruppe Brücke (S. 24) ging einer der wichtigsten Impulse für die Kunst aus.

Stadt im Wandel

Die Dresdner Altstadtsilhouette sieht heute beinahe wieder genauso aus wie vor der Zerstörung des Stadtzentrums im Zweiten Weltkrieg. Einheimische und Besucher schätzen vor allem das historische Dresden. Kein Wunder, dass es moderne Architektur hier nicht immer leicht hat.

Große Architekten haben in Dresden ihre Spuren hinterlassen. Baustile aus drei Jahrhunderten prägen das heutige Bild der Stadt.

18. Jahrhundert

Der Lieblingsarchitekt Augusts des Starken, Matthäus Daniel Pöppelmann (1662 bis 1736), schuf die Pläne für den Zwinger (S. 44), das Taschenberg-palais (S. 71), das Japanische Palais (S. 85), für die Schlösser Pillnitz (S. 138) und Moritzburg (S. 165) sowie die Matthäuskirche (S. 172). Der Zimmermann und spätere Ratszimmermeister George Bähr (1666–1738) hatte bereits mehrere Dorfkirchen gebaut, als ihn der Rat der Stadt Dresden mit der Frauenkirche (S. 40) betraute. Ihre Vollendung erlebte er nicht mehr.

19. Jahrhundert

Gottfried Semper (1803–1879) entwarf während seiner Dresdner

Der Wallpavillon im Zwinger

Zeit ein Theater (1869 abgebrannt), ein Opernhaus, die Gemäldegalerie am Zwinger (S. 44) und die 1938 zerstörte Synagoge. Die Pläne für die heutige Semperoper (S. 58) entstanden im Exil, in das er nach seiner Beteiligung am Dresdner Maiaufstand 1849 hatte fliehen müssen. Der Mythos vom barocken

Dresden, konserviert in den Bildern Canalettos (S. 21), hat Kriege und Umbrüche überdauert. Dabei begann der Abschied von der Barockstadt lange vor der Bombennacht im Februar 1945 (S. 18).

Dem Bauboom ab Ende des 19. Jhs. fielen nicht wenige der als »unmodern« geltenden Bauwerke zum Opfer. So wurden etwa die 150 Jahre alten Palais auf der Brühlschen Terrasse (S. 62) durch die

Der Sächsische Landtag wurde von Peter Kulka entworfen.

Kunstakademie (Architekt Constantin Lipsius, S. 64) und andere historisierende Bauten ersetzt. Die um 1900 entstandenen Gebäude galten später wiederum als zu groß, zu üppig, nicht dresdnerisch genug.

20. und 21. Jahrhundert

Die letzte herausragende Einzelpersönlichkeit, die das Gesicht der Stadt nachhaltig prägte, war Hans Erlwein (1872–1914). Von 1904 bis 1914 entstanden unter Leitung des Stadtbaurats etwa 50 Gebäude, darunter das Italienische Dörfchen (S. 69), der Schlachthof im Ostragehege und der – mittlerweile zum Hotel umgebaute – Erlweinspeicher (S. 187). Seit 1997 verleiht die Stadt Dresden den Erlweinpreis.

Nach dem Zweiten Weltkrieg hatte neben dem Wiederaufbau der wichtigsten Baudenkmäler – Zwinger, Hofkirche, Semperoper – vor allem die Schaffung von Wohnraum Vorrang. Es entstanden Ensembles wie die Altmarktbebauung (S. 104) samt Kulturpalast (S. 117) und die Prager Straße (S. 120), die als exemplarische städtebauliche Zeugnisse ihrer Zeit gelten.

Dem Engagement Dresdner Bürger nach der politischen Wende 1989 ist der Wiederaufbau der Frauenkirche zu verdanken. Wie ungleich schwerer die Dresdner für moderne Architektur zu begeistern sind, belegen die öffentlichen Kontroversen, die fast jeden Neubau begleiten. Zu den seit 1990 entstandenen Beispielen einer zeitgenössischen Architekturauffassung zählen beispielsweise der Sächsische Landtag, der Ufa-Kristallpalast (Coop Himmelb(l)au, S. 127), die Neue Synagoge (Wandel, Lorch und Hirsch, S. 67) oder der Ergänzungsbau zum Militärhistorischen Museum (Daniel Libeskind, S. 94).

Die »Brücke«

Zu Beginn des 20. Jhs. schlossen sich vier Dresdner Architekturstudenten zu einer Künstlergruppe zusammen, die Dresden zu einem der wichtigsten Orte des deutschen Expressionismus machte.

Die Künstler Karl Schmidt (1884 bis 1976) und Erich Heckel (1883–1970), seit ihrer Gymnasialzeit in Chemnitz befreundet, lernten während des Studiums der Architektur an der Technischen Hochschule Dresden Ernst Ludwig Kirchner (1880–1938) und Fritz Bleyl (1880–1966) kennen. Die vier Kommilitonen, zwischen 20 und 25 Jahre alt, einte die Liebe zur Kunst und die Suche nach neuen Ausdrucksmöglichkeiten. Am 7. Juni 1905 gründeten sie die Künstlergruppe Brücke. Karl Schmidt fügte seinem Namen den seines Geburtsortes hinzu und nannte sich Karl Schmidt-Rottluff. In den Folgejahren gehörten der Brücke u. a. auch Max Pechstein, Otto Mueller sowie für kurze Zeit Emil Nolde an.

Auf neue Art

Die jungen Wilden brachen mit den akademischen Kunstauffassungen ihrer Zeit. Statt der Abbildung der Wirklichkeit stellten sie die eigene subjektive Wahrnehmung von Dingen, Landschaften und Menschen in den Mittelpunkt ihrer Arbeit. Sie reduzierten Formen auf das Wesentliche, verweigerten sich dem Diktat von Perspektive und Proportion und nutzten Farben zum Ausdruck von Emotionen. Auf diese Weise entstanden flüchtig hingeworfene Zeichnungen, kraftvolle Holzschnitte und leuchtend farbige Ölgemälde. Zu den bevorzugten Motiven der Gruppe zählten Dresdner Stadtansichten, etwa aus der Friedrichstadt, in der die Künstler lebten und arbeiteten, sowie Darstellungen weiblicher Akte, für die oft Freundinnen und spätere Ehefrauen Modell standen. In der freien Natur an den Moritzburger Teichen (S. 165) nördlich von Dresden oder an der Nord- und Ostsee schufen die Expressionisten Landschaftsbilder und Badeszenen.

Pioniere des Expressionismus

Die erste Dresdner Brücke-Ausstellung fand im Herbst 1906 in der Lampenfabrik Karl-Max Seifert in Dresden-Löbtau statt, die wohl bedeutendste im September 1910 in der Galerie Arnold. Es gab zahlreiche Wanderausstellungen und bis 1912 erschienen sieben druckgrafische Jahresmappen. Im Herbst 1911 zog es die Gruppe nach Berlin, wo sie sich 1913 infolge von Streitigkeiten auflöste. Im Hitler-Deutschland wurden die Werke der Brücke-Mitglieder als »entartete Kunst« diffamiert, viele gingen in den Kriegswirren verloren. Den ihnen gebührenden Platz in der Kunstgeschichte fanden die Künstler des Expressionismus erst in den letzten Jahrzehnten.

Die Staatlichen Kunstsammlungen Dresden (S.48) besitzen einige Brücke-Werke. Am Dippelsdorfer Teich in Moritzburg wurde 2005 in Anlehnung an das von Gemälden bekannte Rote Haus ein Kunst- und Veranstaltungshaus errichtet. Der BRÜCKE WEG folgt mit Info-Tafeln den Spuren der Künstler (Broschüre bei der Tourist-Info).

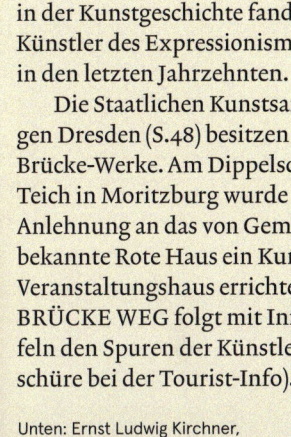

Unten: Ernst Ludwig Kirchner, »Eisenbahnüberführung Löbtauer Straße in Dresden«

Oben: Ernst Ludwig Kirchner, »Eine Künstlergemeinschaft«

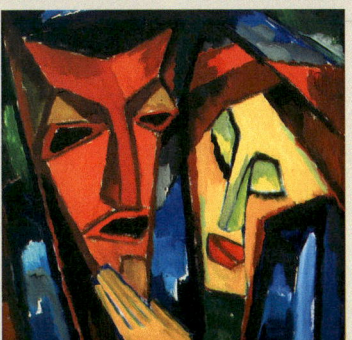

Links: Karl Schmidt-Rottluff, »Frauenkopf und Maske«

Feste feiern

Die Dresdner feiern gern und ausgelassen. Allein die großen Stadt- und Stadtteilfeste ziehen jedes Jahr im Sommer einige Hunderttausend Besucher an. Und im Advent wird Dresden zur Weihnachtsstadt.

Das Elbhangfest ist das charmanteste aller Dresdner Feste.

Die besucherreichste Party im Veranstaltungskalender ist Dresdens Stadtfest, das alljährlich an einem Augustwochenende stattfindet. Die gesamte Innenstadt wird dabei zum Festgelände.

Republikgeburtstag

Am Wochenende vor der Währungsunion im Juni 1990 wurde in der Äußeren Neustadt die Bunte Republik Neustadt (S. 83) proklamiert als fröhlich-fatalistisches Zeichen der Selbstbehauptung. Seither war die »BRN« über drei Jahrzehnte ein Juniwochenende lang eine riesige Partyzone. Nach der Corona-Zwangspause wagte man 2023 einen Neustart mit »Bunter Sommer Neustadt«: kleinere, nachhaltigere, weniger kommerzielle Feste an verschiedenen Wochenenden mit – back to the roots – wieder mehr Eigeninitiative der Kiezbewohner.

Ein Hang zum Feiern

Alte Dorfkerne, die von Wiesen gesäumte Elbe, der Pillnitzer Schlosspark (S. 138) und der Elbhang bilden die traumhafte Kulisse für das Elbhangfest (S. 193). Auf einer Strecke von 7 km finden zahlreiche Musik- und Theateraufführungen, Vorträge, Lesungen und Kunstaktionen statt. Das Kunst- und Bürgerfest steht jedes Jahr unter einem anderen Motto und wird traditionell mit einem großen Festumzug eröffnet.

Dresdner Weihnachtszauber

Der Dresdner Striezelmarkt (S. 126) mit der fast 15 m hohen, weltgrößten erzgebirgischen Stufenpyramide hat seinen Ursprung in einem Marktprivileg des Jahres 1434. Damit ist er der älteste beurkundete Weihnachtsmarkt Deutschlands. Über 250 Händler offerieren vor allem traditionelles Kunsthandwerk: Baumschmuck aus dem thüringischen Lauscha, Herrnhuter Sterne und weihnachtliche Holzkunst aus dem Erzgebirge.

Natürlich darf auch der berühmte Dresdner Stollen nicht fehlen, dem der Striezelmarkt seinen Namen verdankt. Der »Striezel« war im Mittelalter ein vorweihnachtliches Fastengebäck aus Mehl, Hefe und Wasser, bis der Papst 1450 in einem »Butterbrief« die Verwendung gehaltvollerer Zutaten erlaubte. Heute machen Mandeln und Sultaninen, Orangeat, Zitronenschalen, Rum und etliche »geheime« Gewürze den Stollen zu einer unverwechselbaren Köstlichkeit. Original Dresdner Stollen darf sich übrigens nur nennen, was das goldene Qualitätssiegel des »Schutzverbandes Dresdner Stollen« trägt. Alljährlich am zweiten Adventssamstag findet das Stollenfest statt. Maskottchen des Striezelmarkts ist der Dresdner Pflaumentoffel, ein Backpflaumenmännchen mit Leiter, Halskrause und Zylinder.

Insgesamt gibt es in Dresden rund ein Dutzend Weihnachtsmärkte. Besonders stimmungsvoll sind die Mittelalter-Weihnacht im Stallhof, der Advent auf dem Neumarkt mit Markttreiben anno 1900, der Augustusmarkt auf der Hauptstraße in der Inneren Neustadt und der kleine, aber feine Elbhangfest-Weihnachtsmarkt im östlichen Loschwitz.

Lichterglanz und Glühweinduft auf dem weltberühmten Striezelmarkt

Gestern, Heute, Morgen

In Dresden gibt es rund 50 Museen. Die meiste Aufmerksamkeit bekommen die weltberühmten Staatlichen Kunstsammlungen mit ihren Schätzen. Doch es gibt zahlreiche weitere Highlights in der Dresdner Museenlandschaft.

Das Deutsche Hygiene-Museum (S. 122) versteht sich als Forum für Wissenschaft, Kultur und Gesellschaft – mit dem »Abenteuer Mensch« im Mittelpunkt. Die Dauerausstellung beschäftigt sich einfallsreich mit allen Bereichen des menschlichen Lebens, von der Geburt bis zum Tod. Anhand von Exponaten, imposanten Modellen und Medieninstallationen werden Informationen originell und anregend vermittelt. Aufsehen erregt das Museum regelmäßig mit aufwendig inszenierten und nicht selten provokanten Sonderausstellungen, in der Vergangenheit etwa zu so gesellschaftsrelevanten Themen wie Religion, Reichtum, Abtreibung, Schönheit oder Migration.

Technologie im Wandel

Die Technischen Sammlungen Dresden (S. 178, Junghansstr. 1–3, Tel. 0351 4 88 72 72, www.tsd.de, Di–Fr 9–17, Sa u. So 10–18 Uhr, Eintritt 5 €) residieren ein gutes Stück abseits der Touristenpfade in dem Fabrikgebäude der einstigen Ernemann-Kamerawerke (später Zeiss Ikon und Pentacon). Hier wird die Industriegeschichte der Stadt erzählt:

Der markante »Libeskind-Keil« ist das moderne Wahrzeichen des Militärhistorischen Museums der Bundeswehr.

Lehrreicher und unterhaltsamer Familienbesuch beim berühmten »Gläsernen Menschen« im Deutschen Hygiene-Museum

Dresden war Kamerastadt, Vorreiter in der Büro- und Rechentechnik sowie der Mikroelektronik. Ein Teil der Ausstellung ist dem 1992 abgewickelten Dresdner DEFA-Studio für Trickfilme gewidmet. Das »Erlebnisland Mathematik« und die Experimentierausstellung »Wellenreiter« regen zum Entdecken und Ausprobieren an. Im Zentrum der gemeinsam mit dem sächsischen Spitzencluster »Cool Silicon« konzipierten Präsentation stehen Mikro- und Nanotechnologie. Besucher können in die Welt der Hochtechnologie eintauchen und mittels interaktiver Versuche verblüffende Einsichten gewinnen.

Kulturgeschichte der Gewalt

Das Militärhistorische Museum der Bundeswehr (S. 94) ist eines der innovativsten Militärmuseen weltweit, was auch am Baukörper zu erkennen ist: Ein keilförmiger Ergänzungsbau von Stararchitekt Daniel Libeskind durchschneidet das einstige Arsenalgebäude der sächsischen Armee. Die chronologische Ausstellung zur deutschen Militärgeschichte in den historischen Räumen wurde gründlich entstaubt.

Furore macht das Haus mit den verschiedenen Installationen des Themenparcours im Libeskind-Neubau: Hier werden überraschende Querverbindungen zwischen Politik und Krieg, Militär und zivilem Alltag aufgezeigt.

Eine im wahrsten Sinne vielschichtige Inszenierung erstreckt sich über mehrere Etagen und vereint etwa eine V2-Rakete aus dem Zweiten Weltkrieg, ein Essgeschirr aus dem KZ Mittelbau Dora, wo die »Vergeltungswaffe« unter mörderischsten Bedingungen von Häftlingen gebaut werden musste, sowie das kriegstauglich gemachte Puppenhaus eines Londoner Mädchens aus dem Jahre 1944. Und über allem schwebt – Zeugnis der zivilen Nutzung der Raketentechnik – die Landekapsel eines Sojus-Raumschiffs.

Das Juwel in Dresdens Schatzkammer ist die Frauenkirche mit ihrer weithin sichtbaren Kuppel.

Die historische Altstadt

Ein Kunst- und Kultur-quartier ersten Ranges, das Besucher aus aller Welt in seinen Bann zieht

Erste Orientierung

Zwinger, Semperoper, Frauenkirche – es ist das alte Dresden, das aus den Trümmern des Krieges wiedergeborene »Elbflorenz« mit seinen unvergleichlichen Bauwerken und seinem Reichtum an Kunst und Kultur, das Menschen aus der ganzen Welt fasziniert. Der Mythos lebt.

Bei den Dresdnern heißt die »Innere Altstadt« – so der verwaltungstechnisch korrekte Name des Areals zwischen Theaterplatz und Neumarkt – schlicht »Altstadt«. Gebräuchlich wurde die Bezeichnung für das linkselbische einstige »Neuendresden« allerdings erst, nachdem das rechtselbische »Altendresden« 1685 abgebrannt und als »Neue Stadt bey Dresden« wiederaufgebaut worden war.

Heute sind in dieser historischen Altstadt auf gerade einmal einem halben Quadratkilometer u. a. ein weltberühmtes Opernhaus, ein geschichtsträchtiges Schloss, zwei einzigartige barocke Kirchen und ein Dutzend hochkarätige Museen versammelt – vereint in einem Panorama, das nicht nur Romantiker zum Schwärmen bringt.

TOP 10
❶ ★★ Frauenkirche
❷ ★★ Zwinger & Gemäldegalerie Alte Meister
❸ ★★ Residenzschloss
❹ ★★ Semperoper & Theaterplatz
❺ ★★ Brühlsche Terrasse

Nach Lust und Laune!
⓫ DenkRaum Sophienkirche
⓬ Augustusbrücke
⓭ Sächsische Dampfschifffahrt
⓮ Johanneum – Verkehrsmuseum Dresden
⓯ Neumarkt
⓰ Coselpalais
⓱ Landhaus – Stadtmuseum & Städtische Galerie
⓲ Neue Synagoge

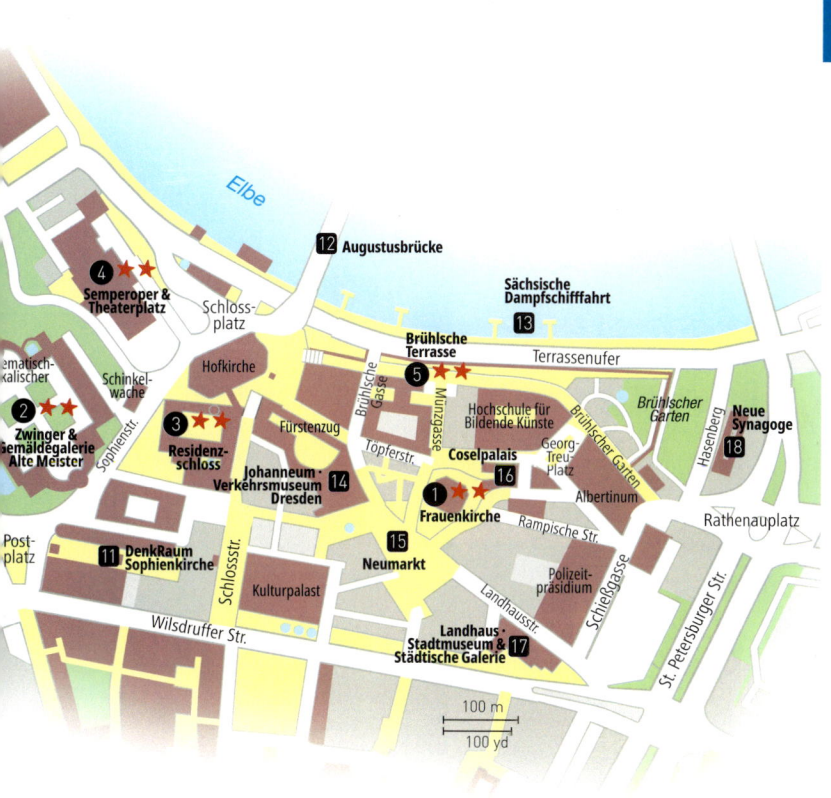

Elbe

12 Augustusbrücke

4 ⭐⭐ Semperoper & Theaterplatz

Schloss-platz

Sächsische Dampfschifffahrt

13

-ematisch-kalischer

Schinkel-wache

Hofkirche

Brühlsche Terrasse

5 ⭐⭐

Terrassenufer

2 ⭐⭐ Zwinger & -emäldegalerie Alte Meister

Sophienstr.

3 ⭐⭐ Residenz-schloss

Fürstenzug

Töpferstr.

Münzgasse

Brühlsche Gasse

Hochschule für Bildende Künste

Brühlischer Garten

Brühlischer Garten

Hasenberg

18 Neue Synagoge

Johanneum · Verkehrsmuseum Dresden

14

Coselpalais

16

Georg-Treu-Platz

1 ⭐⭐ Frauenkirche

Albertinum

Rathenauplatz

Post-platz

11 DenkRaum Sophienkirche

Schlossstr.

Kulturpalast

15 Neumarkt

Rampische Str.

Landhausstr.

Polizeit-präsidium

Schießgasse

St. Petersburger Str.

Wilsdruffer Str.

Landhaus · Stadtmuseum & Städtische Galerie

17

100 m
100 yd

Mein Tag
mit Kunst
und Kultur

Die historische Dresdner Altstadt hat auf engstem Raum so viele Baudenkmäler und Museen von Weltrang zu bieten, wie wohl kaum eine andere deutsche Stadt. Lassen Sie sich auf eine Reise zu bekannten und weniger bekannten Schätzen entführen.

9 Uhr: Ein barockes Juwel

Erkunden Sie das prachtvolle Ensemble des ❷ ★★ Zwingers (S. 44) in aller Ruhe, bevor der Ansturm auf die Museen beginnt. Durch den Wallpavillon (S. 44) spazieren Sie ins Nymphenbad (S. 45) und auf die Langgalerien. Von dort aus haben Sie einen guten Überblick über die verspielte Anlage.

10 Uhr: Meisterwerke vergangener Zeiten

In der bedeutendsten Porzellansammlung der Welt (S. 45) stehen nicht nur einige der 151 Dragonervasen (S. 45) und andere Gefäße, die der leidenschaftliche Sammler August der Starke einst beim preußischen Soldatenkönig Friedrich Wilhelm I. gegen 600 seiner Reiter eintauschte. Im Tiersaal bestaunen Sie auch lebensgroße Porzellanplastiken, darunter Löwen, Hunde, Pfauen, Papageien und eine Affenfamilie. Der New Yorker Architekt Peter Marino, der sonst große Flagshipstores ausstattet, hat die Ausstellungsräume für die 20 000 Exponate neu und opulent ausgestaltet. Eine spannende Alternative ist der Mathematisch-Physikalische

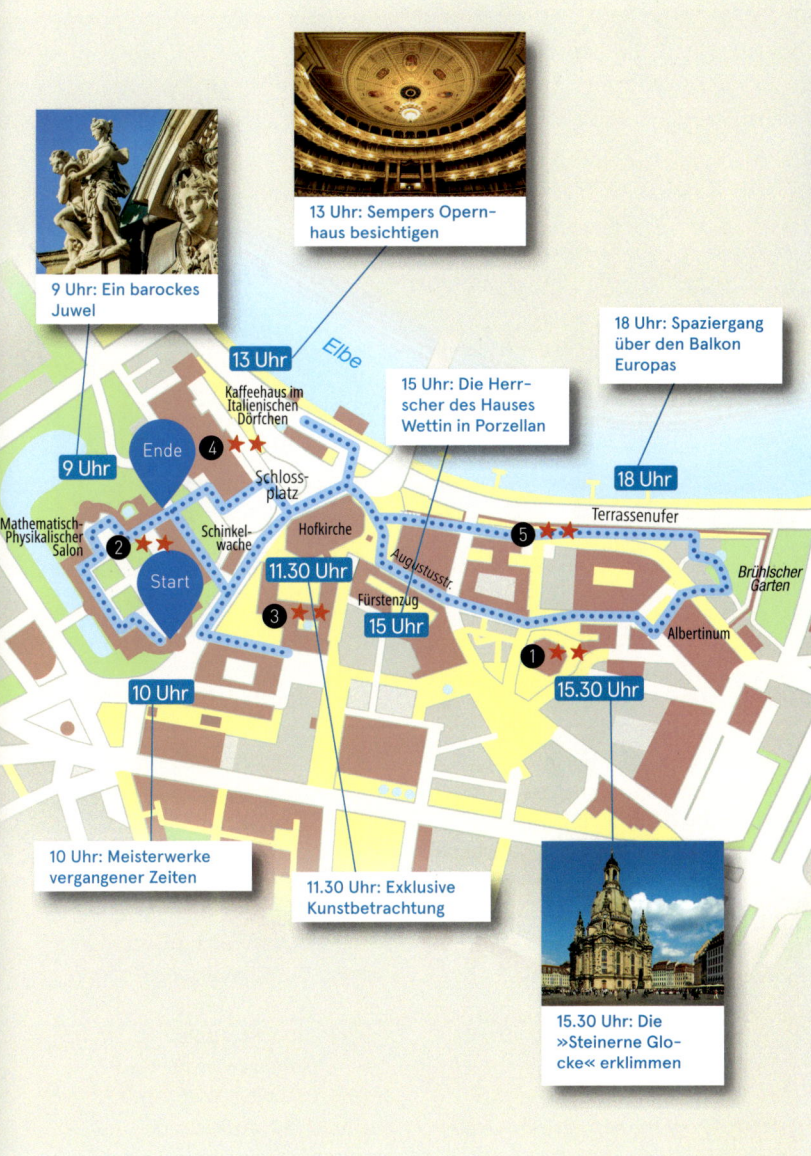

9 Uhr: Ein barockes Juwel

13 Uhr: Sempers Opernhaus besichtigen

18 Uhr: Spaziergang über den Balkon Europas

15 Uhr: Die Herrscher des Hauses Wettin in Porzellan

Elbe

13 Uhr

9 Uhr

Kaffeehaus im Italienischen Dörfchen

Ende

Schlossplatz

Mathematisch-Physikalischer Salon

Schinkelwache

Hofkirche

Start

Augustusstr.

11.30 Uhr

Fürstenzug

15 Uhr

18 Uhr

Terrassenufer

Brühlscher Garten

Albertinum

10 Uhr

15.30 Uhr

10 Uhr: Meisterwerke vergangener Zeiten

11.30 Uhr: Exklusive Kunstbetrachtung

15.30 Uhr: Die »Steinerne Glocke« erklimmen

Oben: Barock in Vollendung – Sandsteinfiguren von Balthasar Permoser; Mitte: Tiersaal der Porzellansammlung im Zwinger

Salon, der zu Unrecht immer ein wenig im Schatten der anderen Zwinger-Museen steht. Lassen Sie sich von dem sperrigen Namen, der an langweilige Unterrichtsstunden erinnern mag, nicht abschrecken: Das Museum mit seinen historischen Uhren und Globen, Teleskopen und Brennspiegeln bietet einen hochinteressanten Rundgang durch die Geschichte der Wissenschaft.

11.30 Uhr: Exklusive Kunstbetrachtung
Ein echter Geheimtipp ist der Studiensaal des Kupferstich-Kabinetts im Obergeschoss des Residenzschlosses (S. 52). Hier legt man Ihnen gern Werke Ihrer Lieblings-

künstler im Original zur gründlichen Betrachtung vor. Das ist schon etwas ganz Besonderes!

Wer darf es denn sein von den etwa 20 000 Künstlern vom Mittelalter bis zur Gegenwart, deren Werke hier versammelt sind? Vielleicht Holzschnitte von Albrecht Dürer, Radierungen von Rembrandt oder Federzeichnungen von Käthe Kollwitz? Tauchen Sie ein in diese faszinierenden Bilderwelten, die sich Ihnen hautnah eröffnen.

13 Uhr: Sempers Opernhaus besichtigen
Nehmen Sie den Weg zur Schinkelwache (S. 60) auf dem ❹ ★★ Theaterplatz (S. 59). Dort erhalten Sie

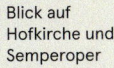
Blick auf
Hofkirche und
Semperoper

die Tickets für Führungen durch die ❹★★ Semperoper (S. 59) und Restkarten für den Opernabend. Da für beides der Andrang meist groß ist, empfiehlt sich eine Reservierung, die online oder telefonisch erfolgen kann (S. 61, 71). Falls sich zwischendurch der kleine Mittagshunger meldet, statten Sie dem Kaffeehaus im Italienischen Dörfchen einen Besuch ab. Dazu müssen sie nur den Theaterplatz in Richtung Elbe überqueren und schon haben Sie die Wahl zwischen

Kaffee und Sächsischer Eierschecke oder einem herzhaften Snack.

🕐 15 Uhr: Die Herrscher des Hauses Wettin in Porzellan

Nach dem Blick hinter die Kulissen des großen Opernhauses schlendern Sie vorbei an der Hofkirche (S. 60) und durch die Augustusstraße. Im Sommer stehen hier die Souvenirhändler, vielleicht finden Sie ein hübsches Andenken.

Die Fassade des zum ❸★★ Residenzschloss (S. 52) gehörenden

15 Uhr

15:30 Uhr

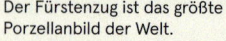

Der Fürstenzug ist das größte
Porzellanbild der Welt.

Oben: Altar der
Frauenkirche

Unten: Ausblick von der
Aussichtsplattform der
Frauenkirche

Rechts: Die Brühlsche
Terrasse von der
Augustusbrücke aus

Langen Ganges ziert der Fürstenzug auf 25 000 Fliesen aus Meissener Porzellan (S. 53/54), die Ahnengalerie der Wettiner Herrscher.
Darunter finden sich so illustre Gestalten wie Albrecht der Entartete
und Friedrich der Gebissene, der
seinen Beinamen nach dem Biss seiner vom Abschiedsschmerz geplagten Mutter erhalten haben soll.

15.30 Uhr: Die »Steinerne Glocke« erklimmen

Gehen Sie weiter zur ❶ ★★ Frauenkirche (S. 40) auf dem Neumarkt.
Kaum ein anderes Bauwerk hat eine
so symbolhafte Bedeutung für Dresden wie die wiederaufgebaute Kirche. Ihr Besuch ist ein Muss!

Nach dem Blick ins Innere der
Kirche mit dem aus 2000 Trümmerstücken rekonstruierten Altar erklimmen Sie die Kuppel. Das erste
Stück bewältigen Sie leicht mit dem
Fahrstuhl, dann heißt es klettern:
Über schmale Treppen, einen steilen Wendelgang im Inneren der
Kuppel und eine Leiter gelangt man
zur Aussichtsplattform in 67 m
Höhe mit einem großartigen Rundumblick. Darf es noch ein Museum
sein? Im Albertinum (S. 64), nur
150 m entfernt, bestaunen Sie Gemälde und Skulpturen von der Romantik bis zur Gegenwart, etwa von
so berühmten Künstlern wie Caspar

18 Uhr

David Friedrich, Claude Monet, Paul Gauguin, Otto Dix und Auguste Rodin. Arbeiten des in Dresden geborenen Malers Gerhard Richter werden dauerhaft in zwei Sälen präsentiert.

18 Uhr: Spaziergang über den Balkon Europas

Mit einem entspannten Bummel über die ❺ ★★ Brühlsche Terrasse (S. 62) geht es zurück zum Ausgangspunkt des Rundganges. Vielleicht gönnen Sie sich aber auch erst einmal auf einer Bank eine Pause mit Ausblicken auf die Elbe und die Neustadt. Über die Freitreppe gelangen Sie über Schloss- und Theaterplatz zum Restaurant Alte Meister (S. 68) – oder Sie stimmen sich auf den Opernbesuch ein.

ℹ️

Die Museen im Zwinger und im Albertinum sind montags geschlossen. Der Besuch im Studiensaal des Kupferstich-Kabinetts ist kostenlos, eine vorherige Anmeldung nicht zwingend aber sinnvoll (unter ☎ 0351 49 14 32 07 oder ⊕ kk.studiensaal@skd.museum ⏰ Mo, Mi–Fr, 1. Sa im Monat). Ausweis mitnehmen!

❶ ★★ Frauenkirche

Warum?	Das Wunder von Dresden
Was?	Der Kirchenraum mit dem rekonstruierten Altar und die Unterkirche
Wie lange?	1 bis 1,5 Stunden
Wann?	Zur Orgelandacht mit Kirchenführung
Was noch?	Der Aufstieg zur Kuppelplattform ist ein Erlebnis
Was nehme ich mit?	Den Anblick des aus den Trümmern geborgenen alten Turmkreuzes

Wie selbstverständlich thront die Frauenkirche, Dresdens altes und neues Wahrzeichen, über der Altstadt und es ist kaum noch vorstellbar, dass ihre mächtige Kuppel, die Steinerne Glocke (S. 38), mehr als ein halbes Jahrhundert aus dem Stadtbild verschwunden war.

Inspiriert von den Kuppeln italienischer Kirchen, schuf der Dresdner Ratszimmermeister George Bähr (S. 22) den Entwurf zu einem der eindrucksvollsten protestantischen Gotteshäuser Europas. Die Grundsteinlegung erfolgte 1726.

Untergang und Auferstehung

Die Kuppel der Frauenkirche überstand den Beschuss durch die Preußen im Siebenjährigen Krieg und auch den Feuersturm des 13. Februar 1945 (S. 18). Am Morgen des 15. Februar jedoch stürzte das ausgeglühte Bauwerk in sich zusammen.

Mit der Bergung verwendbarer Steine begann 1993 die Rekonstruktion des bedeutendsten sakralen Kuppelbaus nördlich der Alpen. Vor den Augen der Welt wuchs die Frauenkirche zu einem Sinnbild von Bürgerstolz und zu einem Zeichen der Versöhnung. Menschen aus vielen Ländern beteiligten sich mit Spenden am Wiederaufbau. Seit der Weihe am 30. Oktober 2005 können die Dresdner und ihre Gäste das barocke Meisterwerk in seiner ganzen Pracht erleben. Das Kircheninnere, ein Zentralraum mit fünf Emporen, bietet 1664 Menschen Platz. Die Gestaltung entspricht im Wesentlichen dem barocken Originalzustand. Im Kirchenraum steht das bei der Enttrümmerung geborgene alte

Turmkreuz, in der Unterkirche – dem Ort der Stille – das Grabmal George Bährs. Über den Neumarkt vor der Kirche wacht Martin Luther (S. 84): Das Denkmal des Reformators schuf Adolf Donndorf 1885 unter Verwendung eines von seinem Lehrer Ernst Rietschel für dessen Wormser Lutherdenkmal entworfenen, aber nicht verwendeten Kopfes.

Die Frauenkirche am Neumarkt ist ein Wunderwerk des Wiederaufbaus.

KLEINE PAUSE

Suchen Sie sich einen Terrassenplatz mit Blick auf die Frauenkirche in einem der Restaurants am Neumarkt.

✝ 202 B1/2 ✉ Neumarkt 🚋 Straßenbahn 1, 2, 4 Altmarkt ☎ 0351 65 60 61 00 ⊕ www.frauenkirche -dresden.de ● Offene Kirche: i.d.R. Mo–Fr 10 bis 11.30, 13–17.30 Uhr, Sa, So variierend (nicht bei Gottesdiensten & Veranstaltungen) ⚑ Eintritt frei; Kuppelaufstieg zur Aussichtsplattform in 67 m Höhe: ● März–Okt. Mo–Sa 10–18, So 13–18,

Nov–Feb. bis 16 Uhr; Tickets und Einlass am Eingang G ⚑ 10 €

Musik in der Frauenkirche

u. a. Orgelandachten mit anschließenden Kirchenführungen (● Mo–Sa 12, Mo–Mi, Fr 18 Uhr); geistliche Sonntagsmusik (● ab März an ausgewählten Sonntagen), Dresdner Orgelzyklus (● Mi 20 Uhr im Wechsel mit Kreuz-

kirche, Kathedrale und Kulturpalast), im Advent Aufführungen des Weihnachtsoratoriums von Johann Sebastian Bach. Eintrittskarten für alle Veranstaltungen können beim Ticketservice der Frauenkirche (✉ Georg-Treu-Platz 3, 1. OG, ● Mo–Fr 10–17 Uhr, ☎ 0351 65 60 67 01, ⊕ ticket@frauenkirche-dresden.de) oder bei Vorverkaufsstellen erworben werden.

©BAEDEKER

DIE HISTORISCHE ALTSTADT

Symbol der Versöhnung

Weithin sichtbar ist die Frauenkirche als Symbol der Versöhnung wiedererstanden. Aus der Ruine wurden rund 8400 Fassadensandsteinquader geborgen, die wiederverwendeten sind an ihrer dunklen Patina erkennbar.

❶ Unterkirche: Die in Form eines griechischen Kreuzes angelegte Unterkirche ersetzte den Friedhof der Vorgängerkirche. Sie dient heute als »Raum der Stille«.

❷ Altar: Jahrzehntelang überragte der Altarraum den Trümmerberg. 1642 Teile und damit etwa 80 % des Altars konnten geborgen und wiederverwendet werden. Die Christusfigur ist original, der Verkündigungsengel eine Replik. Auf dem Altartisch symbolisiert das Nagelkreuz die Versöhnung.

❸ Orgel: Der prächtige Orgelprospekt wurde nach dem historischen Vorbild rekonstruiert. Nach einem öffentlich ausgetragenen »Orgelstreit« entschied man sich gegen den Nachbau der Silbermann-Orgel und für ein technisch modernes Instrument des Straßburger Orgelbaumeisters Daniel Kern.

❹ Kirchenraum: Der barocke Zentralbau wurde über einem quadratischen Grundriss errichtet. Den runden Innenraum umgeben acht Stützpfeiler für die Kuppel sowie fünf Emporen. Insgesamt besitzt die Kirche 1664 Sitzplätze. Der hohe Predigtraum erscheint als ein um die Mittelkanzel kreisendes protestantisches »Logentheater«.

❺ Treppentürme: Von den einst vier Treppentürmen überstand nur einer zum Teil den Einsturz des Gotteshauses und prägte über Jahrzehnte das Bild der Ruine.

❻ Kuppel: Über dem Kirchenraum erhebt sich fast 37 m hoch die Innenkuppel, überwölbt von der »Steinernen Glocke« (S. 38) George Bährs. Dazwischen windet sich eine Rampe empor, auf der einst Esel Steine nach oben trugen. Über diesen Weg gelangt man zur Aussichtsplattform in 67 m Höhe.

❼ Turmkreuz: Seit 2004 strahlt auf der Laterne wieder das Turmkreuz. Es ist ein Geschenk Großbritanniens, geschaffen in der Werkstatt des Londoner Kunstschmieds Alan Smith (S. 18). Das beschädigte Original-Kreuz steht im Kirchenraum.

❷ ★★ Zwinger & Gemälde-galerie Alte Meister

Warum?	Barocke Herrlichkeit trifft auf Kunstschätze.
Was?	Die Sixtinische Madonna ist ein Muss. Die Dragonervasen in der Porzellansammlung auch.
Wie lange?	1 Stunde, plus 1–2 Stunden pro Museum
Wann?	Museen täglich außer Montag. Die Außenanlagen sind tagsüber immer zugänglich
Was noch?	Eine 370 Jahre alte Rechenmaschine im Mathematisch-Physikalischen Salon
Was nehme ich mit?	Die Engelchen der Sixtina als Kühlschrank-Magnet

Das Kronentor ist das Hauptportal des Zwingers und eines der Wahrzeichen Dresdens.

Im Auftrag Augusts des Starken wurde das einzigartige Ensemble höfischer Festarchitektur von 1709 bis 1732 westlich des Residenzschlosses (S. 52) errichtet und nach einem Teil der dortigen Stadtbefestigung benannt. Die Entwürfe für die spiegelbildlich um einen Hof gruppierte Anlage aus Pavillons und Galerien schufen Baumeister Matthäus Daniel Pöppelmann und Bildhauer Balthasar Permoser. Am Scheitelpunkt der westlichen Bogengalerie steht der Wallpavil-

lon, die Figur des Hercules Saxonicus (S. 50) auf dem Giebel huldigt
August dem Starken. Durch den
Wallpavillon führt eine Treppenanlage hinauf auf den Wall und die
Dächer der Galerien. Hinter dem
Französischen Pavillon liegt das
Nymphenbad (S. 51), ein Hof mit
Brunnen und 16 Nymphenskulptu-
ren. Der Stadtpavillon auf der Ostseite erhielt Anfang der 1930er-Jahre
ein Glockenspiel aus Meissener Porzellan und ist deshalb als Glockenspielpavillon bekannt. Mehr als 100
Jahre nach seiner Entstehung wurde

Der Zwinger
zählt zu den
bedeutendsten
Barockbauten
Deutschlands.

der zur Elbe offene Zwinger mit einer von Gottfried Semper
entworfenen Gemäldegalerie (S. 44) geschlossen, in der sich
die Alten Meister und die Skulpturensammlung bis 1800 befinden. Zwischen Gemäldegalerie und Semperoper (S. 58)
steht das Carl-Maria-von-Weber-Denkmal von Ernst Rietschel. Nach den Zerstörungen 1945 (S. 18) begann noch im
selben Jahr der Wiederaufbau des Zwingers, der bis Mitte
der 1960er-Jahre andauerte. 2021 wurde in der Bogengalerie
zwischen Wallpavillon und Französischem Pavillon die
Zwinger Xperience eröffnet: eine multimediale Zeitreise
durch die Geschichte des Barockensembles (Mo, Di, Do–So
10–18 Uhr, 12 €).

Porzellansammlung

Die mit 20 000 Einzelstücken umfangreichste keramische
Spezialsammlung der Welt ist Ergebnis einer Passion Augusts des Starken, welche dieser selbst als »maladie des por-
cellaines«, als Porzellankrankheit, bezeichnete. Die im Zweiten Weltkrieg ausgelagerten und danach als Kriegsbeute in
die Sowjetunion gelangten Kostbarkeiten wurden 1958 an
die DDR zurückgegeben. Die Gestaltung der Ausstellung im
Glockenspielpavillon und den angrenzenden Galerien folgt
den Vorstellungen des Kurfürsten. Schwerpunkte sind chinesische Porzellane aus der Tang- bis Ming-Dynastie und der
Kangxi-Ära sowie frühes japanisches Imari- und Kakiemon-

Die Dragoner-vasen hat August der Starke einst beim preußischen König Friedrich Wilhelm I. gegen 600 sächsische Dragoner eingetauscht.

porzellan aus Arita. Dokumentiert wird die Geschichte der Porzellan-Manufaktur Meissen (S. 162) von der Geburtsstunde des europäischen Hartporzellans 1708 bis zum späten 18. Jahrhundert. Zu den bekanntesten Ausstellungsstücken der Porzellansammlung gehören die Dragonervasen (S. 34).

Mathematisch-Physikalischer Salon
1728 wurde unter August dem Starken das »Königliche Cabinet der mathematischen und physikalischen Instrumente« eingerichtet, heute eine der ältesten und bedeutendsten Sammlungen historischer wissenschaftlicher Instrumente und Uhren. Die kostbaren Stücke stammen überwiegend aus dem 16.–19. Jahrhundert. Zu den Hinguckern zählen ein arabischer Himmelsglobus aus der Zeit um 1300, eine 370 Jahre alte Rechenmaschine von Blaise Pascal und eine Planetenlaufuhr (S: 48) von Eberhard Baldewein aus der Mitte des 16. Jh.s. Von der fast 1 m hohen Automatenuhr »Trommelnder Bär« von 1625 sind nicht nur Kinder begeistert.

Gemäldegalerie Alte Meister und Skulpturensammlung
Man kennt sie von unzähligen Reproduktionen: Giorgiones »Schlummernde Venus«, Vermeers »Brieflesendes Mädchen am offenen Fenster«, Rembrandts Selbstbildnis im »Gleichnis vom verlorenen Sohn«. Hier hängen die Originale! Die Alten Meister sind eine der herausragendsten Sammlungen europäischer Malerei des 15.–18. Jahrhunderts. Sie wurde größtenteils von August dem Starken und dessen Sohn Friedrich August II. zusammengetragen.

1847–1855 schuf Gottfried Semper mehr als 100 Jahre nach dem Bau des Zwingers die Gemäldegalerie im Stil der italienischen Hochrenaissance. Seit 2020 präsentieren die Alten Meister und die Skulpturensammlung bis 1800 gemeinsam ihre Schätze im Semperbau. Die eindrucksvolle Antikenhalle im Ostflügel beherbergt Objekte aus der Zeit von 3000 vor bis 500 nach Christus. In den Sälen der Gemäldegalerie korrespondieren Meisterwerke der Plastik vom Mittelalter bis zum Barock mit den Bildern, im Skulpturengang kann man Kleinbronzen der Renaissance bewundern. Und die berühmte Sammlung historischer Gipsabgüsse des Dresdner Hofmalers Anton Raphael Mengs hat im angrenzenden Deutschen Pavillon ihr Zuhause gefunden.

Das berühmteste Gemälde der Alten Meister ist die »Sixtinische Madonna«, seit ihrem 500. Geburtstag in einem neuen prächtigen Rahmen. Raffaello Santi, genannt Raffael, malte es 1512/1513 für den Hochaltar der Klosterkirche des hl. Sixtus in Piacenza. Von Kurfürst Friedrich August II. erworben, kam das Bild 1754 nach Dresden, wo es heute Teil eines umfangreichen Bestandes an Werken bedeutender italienischer Maler des 14. bis 18. Jhs. ist, darunter Tizians »Zinsgroschen«, Correggios »Heilige Nacht« sowie Ansichten des barocken Dresdens von Bernardo Bellotto, genannt Canaletto (S. 87). Die holländische und flämische Malerei ist u. a. mit Rembrandt und Rubens vertreten, von Vermeer finden sich gleich zwei Gemälde – neben

Giorgione, »Die schlummernde Venus«

dem »Brieflesenden Mädchen« auch noch »Bei der Kupplerin«. Ein Kleinod ist der nur 33 × 55 cm große Flügelaltar des altniederländischen Meisters Jan van Eyck. Albrecht Dürer, Hans Holbein d. J. sowie Lucas Cranach d. Ä. und Lucas Cranach d. J. repräsentieren die deutsche Malerei des 16. Jahrhunderts. Mit 35 Gemälden, u. a. von El Greco, Jusepe de Ribera und Diego Velázquez, besitzt Dresden die drittgrößte Sammlung spanischer Malerei in Deutschland. Französische Maler sind mit Arbeiten von Nicolas Poussin oder dem Dresdner Hofmaler Louis de Silvestre zu sehen. Ein Lieblingsbild der Dresdner ist das »Schokoladenmädchen« des Schweizer

Malers Jean-Etienne Liotard, das mit anderen Pastellen in einem eigens eingerichteten Kabinett einen gebührenden Platz gefunden hat.

Staatliche Kunstsammlungen Dresden

Mit 15 Einzelmuseen zählen die Staatlichen Kunstsammlungen Dresden zu den bedeutendsten Museen der Welt. Neben der Gemäldegalerie Alte Meister und der Skulpturensammlung bis 1800, der Porzellansammlung sowie dem Mathematisch-Physikalischen Salon im Zwinger und in der angrenzenden Sempergalerie gehören dazu,

Die beiden Engel zu Füßen der Sixtinischen Madonna können als die bekanntesten Dresdner weltweit gelten.

ebenso die Museen im Residenzschloss (S. 52) und im Albertinum (S. 64). Das Museum für Sächsische Volkskunst befindet sich im Jägerhof auf der Neustädter Elbseite, das Kunstgewerbemuseum residiert im Schloss Pillnitz (S. 138). Auch das Museum für Völkerkunde im Japanischen Palais (S. 85), das Grassi Museum für Völkerkunde zu Leipzig und das Völkerkundemuseum Herrnhut zählen zu den Kunstsammlungen. Das Besucherzentrum art und info ist im Residenzschloss, Schlossstraße/Ecke Taschenberg (tägl. 10–18 Uhr).

KLEINE PAUSE

Kuchen und Snacks gibts im **Café Algarotti** in der 2. Etage des Deutschen Pavillons.

✝ 202 A2 🕐 6–22 Uhr (Zwingerhof 2024 teils geschl.) 🚋 Straßenbahn 1, 2, 4, 8, 9, 11, 12, Bus 68 Postplatz; Straßenbahn 4, 8, 9 Theaterplatz

Staatliche Kunstsammlungen Dresden
Porzellansammlung (Glockenspielpavillon),

Mathematisch-Physikalischer Salon, Gemäldegalerie Alte Meister und Skulpturensammlung bis 1800 (Sempergalerie) ☎ 0351 49 14 20 00 🌐 www.skd.museum 🕐 Di–So 10–18 Uhr ✦ Zwinger-Ticket: alle Museen und Sonderausstellungen im Zwinger (1 Tag): 14 €;

nur Porzellansammlung oder nur Mathematisch-Physikalischer Salon: je 6 €; Tageskarte für alle Museen der Staatlichen Kunstsammlungen inkl. Sonderausstellungen außer Historisches Grünes Gewölbe: 24 €, Kinder und Jugendliche unter 17 Jahre Eintritt frei

Beschaulicher Morgenspaziergang im Zwinger

Frühmorgens, wenn die goldene Königskrone auf dem Kronentor im Licht der ersten Sonnenstrahlen blinkt und statt des Stimmengewirrs der Besucher das Zwitschern der Vögel zu hören ist, haben Sie den Zwinger ganz für sich allein. In den stillen Stunden vor der Öffnung der Museen können Sie das einzigartige Architekturensemble ungestört genießen. Durch den Zwingergarten hinter dem Wallpavillon gelangen Sie hinauf auf die Langgalerien.

Der Zwingerhof (2024 Einschränkungen durch Sanierung) und die Dächer der Langgalerien sind ganzjährig ab 6 Uhr zugänglich.

Meisterwerk des Barocks

Das Pracht- und Machtsymbol Augusts des Starken entstand ab 1709 als Orangerie und Rahmen für höfische Festspiele. Noch vor der Fertigstellung fanden hier die Feierlichkeiten zur Vermählung des Kurprinzen mit der österreichischen Kaisertochter Maria Josepha statt. Ab 1728 entwickelte sich der Zwinger zum »Palais Royal du Sciences«, bis heute beherbergt er Museen von Weltrang.

❶ Wallpavillon: Zwischen 1715 und 1719 wurde der Treppenaufgang zum Festungswall mit dem von Matthäus Daniel Pöppelmann entworfenen Pavillon überbaut. Der »Hercules Saxonicus« auf dem Giebel, eine Anspielung auf August den Starken, ist eine eigenhändige Arbeit Balthasar Permosers, dessen Werkstatt für den skulpturalen Schmuck des Zwingers sorgte.

❷ Kronentor: Der Bau mit seiner teilvergoldeten zwiebelförmigen Kuppel ragt aus der Langgalerie heraus und bildet den Hauptzugang zum Zwingerhof. Die Königskrone auf der Spitze wird von vier polnischen Adlern getragen.

❸ Sempergalerie: Seit 1855 begrenzt die im Stil der Hochrenaissance erbaute Sempergalerie den bis dahin zur Elbe hin offenen Zwinger. Heute ist die Gemäldegalerie Alte Meister mit Werken europäischer Malerei von der Frührenaissance bis zum Rokoko dort untergebracht. Hier hängen berühmte Meisterwerke u. a. von Raffael, Giogione, Correggio, Cranach, Vermeer, van Eyck, Rembrandt, Rubens, Dürer, Holbein, Tizian, Canaletto, Veronese, Watteau und El Greco.

❹ Mathematisch-Physikalischer Salon: Der älteste der vier Eckpavillons beherbergt bereits seit 1728 eine Sammlung wissenschaftlicher Instrumente.

⑤ Zwingerhof: Der Mittelteil des Hofes misst 106 × 116 m, die gesamte Längsachse 204 m. Der Zwingerhof wird seit 2021 umfassend saniert. Nach der Fertigstellung erinnern im Sommer hier wieder Orangenbäumchen an die erste Bestimmung des Zwingers als Orangerie.

⑥ Nymphenbad: Zwischen Wallpavillon und Sempergalerie vereinigt das Nymphenbad auf engstem Raum barocke Architektur, einen reichen Skulpturenschmuck und Wasserkunst. Zwei nach oben geschwungene Treppen verbinden Parterre und Wallplateau.

©BAEDEKER

❸ ★★ Residenzschloss

Warum?	Sachsens Glanz und Gloria unter einem Dach
Was?	Die Schätze und Kuriositäten im Neuen Grünen Gewölbe sind nur der Anfang
Wie lange?	Wer alle Museen besuchen will, kann hier den ganzen Tag verbringen
Wann?	Mittwoch bis Montag
Was noch?	Haute Couture aus Renaissance und Frühbarock in der Kurfürstlichen Garderobe
Was nehme ich mit?	Den Rundumblick vom Hausmannsturm

Das Residenz-schloss ist das Zentrum der weltberühmten Staatlichen Kunstsammlungen Dresden.

Die erste urkundliche Erwähnung als Castrum stammt aus dem Jahre 1289. Rund 200 Jahre später wurde unter Moritz von Sachsen aus der mittelalterlichen Burganlage ein statt-liches Renaissanceschloss. Zu Beginn des 18. Jhs. ließ August der Starke Säle und Gemächer in barocker Manier umgestal-ten und für seine Mätresse, die Gräfin Cosel, gleich nebenan das später erweiterte Taschenbergpalais (S. 186) errichten. Vor dessen Westseite steht der Cholerabrunnen nach einem Entwurf von Gottfried Semper. Der letzte große Schlossum-bau, bei dem die Fassaden eine einheitliche Neorenaissance-gestalt erhielten, erfolgte 1889–1901 anlässlich der 800-Jahr-Feier des Hauses Wettin. Im Februar 1945 (S. 18) brannte das

Residenzschloss vollständig aus. Nur der Georgenbau zwischen Schlossstraße und Schlossplatz sowie der angrenzende Stallhof mit Langem Gang wurden bereits zu DDR-Zeiten wiederhergestellt. Die Aufsetzung der Turmhaube auf den Stumpf des Hausmannsturms am 2. Oktober 1991 markierte einen Neuanfang im Wiederaufbau. Nach und nach bezogen Grünes Gewölbe (S. 54), das Kupferstich-Kabinett (S. 55) und die Kunstbibliothek (S. 55) ihre Räume im rekonstruierten Schloss; das Münzkabinett kehrte in den Geogenbau zurück. Die Rüstkammer mit der ältesten Sammlung des Museumsverbundes erhielt mit Riesensaal, Türckischer Cammer, Silberwaffensaal, Renaissanceflügel und der Gewehrgalerie im Langen Gang den ihr gebührenden Rahmen. Im 2. Obergeschoss wurden die Paraderäume Augusts des Starken und der historistische Kleine Ballsaal rekonstruiert. Aus dem Kleinen Schlosshof entstand ein überdachtes Foyer und im Großen Schlosshof wurden die Fassaden mit der in der Renaissance beliebten Sgraffito-Technik wiederhergestellt. Die Rückwand des Altans, der vierstöckigen Loggia unterhalb des Hausmannsturms, erhält Renaissancefresken. Das Renaissanceportal der Schlosskapelle – die Schöne Pforte – links daneben ist ein architektonisches Kleinod.

25 000 Fliesen ergeben 35 Herrscher

Als Verbindung zwischen Georgenbau und Johanneum, dem heutigen Verkehrsmuseum, dient der 1586–1591 errichtete Lange Gang. In der bis 2021 sanierten Gewehrgalerie über dem Arkandengang werden 500 prachtvolle Feuerwaffen des 16. bis 18. Jhs. aus ganz Europa gezeigt. Auf der Außenfassade in der Augustusstraße sind auf dem 102 m langen Fürstenzug (S. 54) auf 25 000 Porzellanfliesen überlebensgroß die 35 Herrscher des Hauses Wettin von 1123 bis 1904 versammelt. Der letzte sächsische König fehlt: Friedrich August III. war bei Fertigstellung des Bildes erst elf Jahre alt.

Der Lange Gang mit der von 20 toskanischen Säulen getragenen Bogenhalle gehört zu den wenigen erhaltenen Zeugnissen der Renaissance-Architektur Dresdens.

Grünes Gewölbe

Der Name geht zurück auf die grün getünchten Wände der
»Geheimen Verwahrung«, in der die sächsischen Herrscher
seit dem 16. Jh. ihre Schätze deponierten. August der Starke
ließ die Schatzkammer ab 1721 zu einer prächtigen Schau-
sammlung umgestalten. Wie zu Augusts Zeiten sind hier
u. a. im verspiegelten Pretiosensaal 3000 Kunstwerke aus
edelsten Materialien freistehend auf Prunktischen und Kon-
solen ausgestellt. Aus dem Juwelenzimmer wurden 2019
Schmuckstücke von unschätzbarem Wert gestohlen; durch
einen »Deal« mit den gefassten Tätern fand ein Teil inzwischen wieder zurück. Das Neue Grüne Gewölbe zeigt mehr
als 1000 Exponate, darunter das goldene Kaffeezeug Augusts
des Starken (um 1700) oder Wunderwerke wie den »Kirsch-
kern mit den 185 geschnitzten Köpfen« (1589).

Die Rüstkammer

Der 102 m lange
Fürstenzug
wurde 1904 bis
1907 auf Meis-
sener Porzellan
übertragen.

Prunkgewänder, Prunkwaffen, Harnische und Rüstungen aus
dem Besitz sächsischer Herzöge und Kurfürsten vermitteln
Einblicke in Zeremoniell und Festkultur am sächsischen
Fürstenhof, in Jagdwesen und Kriegshandwerk zwischen
Renaissance und Barock. Mittelpunkt ist der in seinen ur-
sprünglichen Abmessungen (57 × 13 m) wiedererrichtete Riesensaal. Die Türckische Cammer beherbergt eine der ältesten

Sammlungen osmanischer Kunst außerhalb der Türkei, der Renaissanceflügel die Dauerausstellungen »Weltsicht und Wissen um 1600. Auf dem Weg zur Kurfürstenmacht« und die Kurfürstliche Garderobe.

Kupferstich-Kabinett, Münzkabinett und Kunstbibliothek

500 000 druckgrafische Werke, Zeichnungen und Fotografien umfasst die vor 450 Jahren begonnene Sammlung des Kupferstich-Kabinetts (nur Sonderausstellungen). Nicht minder imposant ist das Münzkabinett im Georgenbau mit rund 300 000 historischen Münzen, Medaillen, Orden, Banknoten und Wertpapieren, 3300 Exponate sind zu sehen. Die Kunstbibliothek mit einem Bestand von 260 000 Büchern steht allen Interessierten offen.

Die Paradeappartements im Residenzschloss wurden 1719 anlässlich der Heirat von Kurprinz Friedrich August II. mit einer Habsburger Prinzessin errichtet.

KLEINE PAUSE

Probieren Sie Sächsische Quarkkeulchen mit Zucker & Zimt, Apfelmus und Eis bei **Anna im Schloss.**

Museen der Staatlichen Kunstsammlungen Dresden
✛ 202 A/B2 ✉ Zentrales Foyer: Kleiner Schlosshof, Eingänge über Sophienstraße, Taschenberg 2 oder Schlossstraße (Löwentor) 🚋 Straßenbahn 4, 8, 9 Theaterplatz, 1, 2, 4, Altmarkt
☎ 0351 49 14 20 00
🌐 www.skd.museum
🕐 Alle Museen, Sonderausstellungen, Hausmannsturm (nur April–Okt.) Mi–Mo 10–18 Uhr
🎟 Residenzschloss-Ticket: Alle Museen außer Historisches Grünes Gewölbe,

Sonderausstellungen, Hausmannsturm (1 Tag) 14 €, Historisches Grünes Gewölbe (Zeitticket) 14 €, nur Sonderausstellungen Kupferstich-Kabinett 6 €, nur Hausmannsturm 5 €, Kombiticket alle Museen inkl. Historisches Grünes Gewölbe 24,50 €, Tageskarte für alle Museen der Staatlichen Kunstsammlungen inkl. Sonderausstellungen außer Historisches Grünes Gewölbe 24 €

Studiensaal des Kupferstich-Kabinetts
🕐 Mo, Mi, Do, Fr, am 1. Sa des Monats 10–13, Mo, Mi

auch 14–16, Do auch 14–18 Uhr
☎ 0351 49 14 32 07 (Anmeldung empfohlen)
🎟 frei

Bibliothek des Münzkabinetts
✉ Georgenbau, Schlossstr. 25
🕐 Mi 10–17 Uhr oder nach Voranmeldung
☎ 0351 49 14 32 36
🎟 frei

Kunstbibliothek
✉ Südflügel
🕐 Mo, Mi–Fr 10–16 Uhr
☎ 0351 49 14 32 48
🎟 frei

Hort von Kunst und Wissenschaft

Renaissance und Neorenaissance bestimmen den prachtvollen Anblick des wiederaufgebauten Schlosses, das Wissbegierige und Kunstliebhaber gleichermaßen anzieht. Für Grünes Gewölbe, Kupferstich-Kabinett und Rüstkammer bildet es den repräsentativen Rahmen.

1 Georgenbau: Das stattliche Torgebäude erhielt 1899 bis 1901 während eines Schlossumbaus seine heutige Neorenaissance-Gestalt. Das am elbseitigen Giebel angebrachte Reiterstandbild zeigt den Namensgeber, Herzog Georg den Bärtigen. Heute sind hier das Münzkabinett, der Kleine Ballsaal und als Teil der Rüstkammer die Ausstellung »Weltsicht und Wissen« um 1600.

2 Hausmannsturm: Die fantastische Aussicht über die Schlossanlage und die Altstadt von der Plattform in 39 m Höhe sollte man sich nicht entgehen lassen. Die von Wolf Caspar Klengel entworfene und im Zweiten Weltkrieg zerstörte barocke Turmhaube wurde 1991 rekonstruiert.

3 Grünes Gewölbe: Mit dem Historischen Grünen Gewölbe ist die Schatzkammer Augusts des Starken als barockes Gesamtkunstwerk wiederauferstanden. Das Neue Grüne Gewölbe eine Etage höher präsentiert in einer modern gestalteten Ausstellung über 1000 prachtvolle Kostbarkeiten der Juweliers- und Goldschmiedekunst aus drei Jahrhunderten.

4 Kupferstich-Kabinett: In Wechselausstellungen zeigt das Museum Zeichnungen, druckgrafische Werke und Fotos.

5 Türckische Cammer: Sachsens Regenten trugen im 16.–19. Jh. in ihrer Rüstkammer Schätze der »Türkenmode« zusammen: Waffen, Rüstungen, Sättel und Textilkunst.

6 Riesensaal: Im modern rekonstruierten Hauptsaal der Residenz kann man über 380 kostbare Turnier- und Prunkwaffen, Harnische und Kostüme aus der Rüstkammer bewundern.

©BAEDEKER

❹ ★★ Semperoper & Theaterplatz

Warum?	Ein Hauch von Residenz und die besten Fotomotive
Was?	Führung oder Aufführung in der Semperoper
Wie lange?	30 Minuten Platzrundgang, 45 Minuten Semperoper-Führung, 1 ganzer Abend mit Oper, Konzert oder Ballett
Wann?	Menschenleeres 360-Grad-Panorama am frühen Morgen, strahlende Kulisse am Abend
Was noch?	Die Hofkirche mit der Permoser-Kanzel
Was nehme ich mit?	Den Klang der Silbermann-Orgel in der Hofkirche

Theaterplatz und Semperoper bilden ein einzigartiges Ensemble.

Sie gibt den Ton an auf dem Theaterplatz: die Semperoper. Und sie ist Teil eines Platzensembles mit Werken bedeutender Architekten verschiedener Epochen und Baustile, das in der Welt seinesgleichen sucht. Das erste Königliche Hoftheater Gottfried Sempers wurde 1869 bei einem Brand zerstört. Die Pläne für das zweite Theater, die heutige Semperoper,

entwarf der Architekt im Exil. Er hatte Dresden als steckbrieflich gesuchter Barrikadenbauer des 1849er-Aufstands verlassen müssen. Sein Sohn Manfred übernahm die Leitung des Baus von 1871 bis 1878.

Nach der Zerstörung im Zweiten Weltkrieg (S. 18) wurde die Semperoper ab 1977 weitgehend originalgetreu rekonstruiert und 1985 mit Carl Maria von Webers Oper »Der Freischütz« eingeweiht. Mit ihrer Arkadenfassade und der Pantherquadriga über dem vorspringenden, reich geschmückten Haupteingang zählt sie zu den imposantesten Theaterbauten Europas. Die Skulpturen Goethes und Schillers neben dem Portal schuf Ernst Rietschel bereits für das erste Hoftheater.

Die Dresdner Kapellknaben vor der einzigen der drei Dresdner Silbermann-Orgeln, die den Zweiten Weltkrieg überstanden hat. Zu bewundern ist sie in der Hofkirche.

Vestibüle und Foyers beeindrucken mit kunstvollen Deckenmalereien und Marmorimitationen. Blickfang im Saal sind der prächtige Schmuckvorhang und die berühmte doppelfenstrige Fünfminutenuhr.

Die Dresdner Operntradition wurde vom Wirken großer Musiker wie Carl Maria von Weber, Richard Wagner und Richard Strauss geprägt. Das Ensemble der Sächsischen Staatsoper hat einen ausgezeichneten Ruf, und mit der 1548 gegründeten Sächsischen Staatskapelle ist an der Semperoper eines der ältesten Orchester der Welt zu Hause.

Der schönste Platz der Welt

Touristen drehen sich entzückt im Kreis, der Blick schweift über Semperoper und Gemäldegalerie (S. 46), über Residenzschloss (S. 52) und Hofkirche (S. 60): Das ist ohne Zweifel einer der schönsten städtischen Plätze der Welt.

Das Italienische Dörfchen wurde 1911–1913 vom damaligen Stadtbaurat Hans Erlwein (S. 20) dort errichtet, wo einst die italienischen Bauleute der Hofkirche lebten. An diesem Ufer des Elbbogens hatten sich die Handwerker und Künstler des Architekten Gaetano Chiaveri während der Bauzeit der barocken Hofkirche häuslich eingerichtet. 1903 fiel der Vorgänger des heutigen Restaurants der Elbuferregulierung zum Opfer. Obwohl »nur« ein Restaurant, ist das Italienische Dörfchen (S. 69) mit seinen farbenfrohen Wand- und Deckenmalereien längst selbst eine Sehenswürdigkeit.

Die Entwürfe zur Altstädter Wache (1830–1832) lieferte Friedrich Schinkel, weshalb das Spätwerk des Berliner Klassizismus auch als »Schinkelwache« bekannt ist. Heute befinden sich hier der Besucherservice der Semperoper und ein Shop von »Schlösserland Sachsen«. In der Mitte des Platzes thront das von Johannes Schilling geschaffene Reiterstandbild König Johanns, der Sachsen 1854–1873 regierte und Dantes »Göttliche Komödie« ins Deutsche übersetzte.

Hofkirche (Kathedrale Ss. Trinitatis)

Direkt neben dem Residenzschloss (S. 52) steht die als Gegenstück zur protestantischen Frauenkirche (S. 40) errichtete ehemalige Katholische Hofkirche. Das filigrane Meisterwerk des Spätbarocks ließ Friedrich August II. 1738–1754 von Gae-

Opernpause auf dem festlich beleuchteten Theaterplatz

DIE HISTORISCHE ALTSTADT

tano Chiaveri erschaffen. Die mit 4800 m² Grundfläche größte Kirche von Sachsen ist eine katholische »Insel« im Mutterland der Reformation. Um dem protestantischen Dresden die katholischen Prozessionen zu ersparen, erhielt das Mittelschiff einen Prozessionsumgang. Die braven Dresdner Bürger versagten der Kirche sogar das Recht zum Glockengeläut – erst 1807 erklangen die Glocken erstmalig.

Die 78 Figuren, die Fassade und Balustraden schmücken, stammen von dem Bildhauer Lorenzo Mattielli. Die verspielte Kanzel des Barock-Bildhauers Balthars Permoser bildet einen schönen Kontrast zu dem eher schlicht gehaltenen Kircheninneren.

In der ursprünglich dem hl. Johannes Nepomuk geweihten Gedächtniskapelle erinnert eine von dem Dresdner Bildhauer Friedrich Press geschaffene »Pietà« aus Meissener Porzellan an die »Opfer des 13. Februar und aller ungerechten Gewalt«. Als einzige der drei Dresdner Silbermann-Orgeln hat die der Hofkirche den Zweiten Weltkrieg durch Auslagerung überlebt. 1980 wurde die Kirche zur Kathedrale Ss. Trinitatis des Bistums Dresden-Meißen erhoben.

August der Starke, der schon 1697 zum Katholizismus übergetreten war, liegt als polnischer König zwar in Krakau begraben, doch sein Herz ruht in einer Urne zusammen mit den anderen Herrschern des Hauses Wettin in der Gruft der Dresdner Hofkirche.

KLEINE PAUSE

Ein Schälchen »Heeßen« und eine Waffel mit Roter Grütze im **Kaffeehaus** des Italienischen Dörfchen.

✝ 202 A/B2

Semperoper
🚋 Straßenbahn 4, 8, 9 Theaterplatz
Führungen: Tickets in der Schinkelwache Theaterplatz 2 oder online
☎ 0351 3 20 73 60 (❶verschiedene Zeiten außerhalb von Proben und Vorstellungen)
⊕ www.semperoper-erleben.de
❶ Mo–Fr 10–18, Sa 10–17 Uhr
➤ ab 13 €

Hofkirche
❶ Offene Kirche: i.d.R. täglich außer während der Gottesdienste
➤ Eintritt frei
❶ Führungen: Mo–Fr 14, Sa, So, Fei 13 Uhr, Infos unter ☎ 0351 31 56 31 38,
⊕ www.kathedrale-dresden.de.
Musik: u.a. Orgelvorspiel auf der Silbermann-Orgel (❶Mi, Sa 11.30–12 Uhr), Dresdner Orgelzyklus (❶Mi 20 Uhr, abwechselnd mit Kreuz- und Frauenkirche sowie Kulturpalast)

❺ ★★ Brühlsche Terrasse

Warum?	Einen prächtigeren »Balkon« finden Sie auf der ganzen Welt nicht
Was?	Flanieren und Fotografieren
Wie lange?	Mindestens 1 Stunde, gern länger
Wann?	Bei Sonnenuntergang
Was noch?	Kunst im Albertinum und im Lipsiusbau
Was nehme ich mit?	Den Blick in Dresdens Unterwelt – die Festung unter der Terrasse

Benannt wurde die Terrasse nach dem Mann, dem sie einst gehörte: Graf Heinrich von Brühl – »Königlich polnischer und Kurfürstlich sächsischer Premierminister« – war der Günstling von Friedrich August II., Sohn Augusts des Starken. Die spätere Brühlsche Terrasse gehörte Anfang des 18. Jhs. noch zur Stadtbefestigung, die jedoch nach und nach ihre militärische Bedeutung verlor. Zwischen 1739 und 1748 übereignete Friedrich August II. dem Grafen Brühl weite Teile der elbseitigen Festungsanlagen. Der umtriebige Staatsdiener ließ die alten Gewölbe und Höfe zuschütten und von seinem Lieblingsarchitekten Johann Christoph Knöffel 10 m über dem Elbufer einen Lustgarten mit Pavillons, Galerie und Belvedere anlegen. Die Brühlschen Palais haben die Zeit nicht überdauert, die meisten mussten während der Umgestaltung der Anlage um die Wende vom 19. zum 20. Jh. neuen Gebäuden weichen.

Die Brühlsche Terrasse wird bürgerlich

1814 ließ der russische Fürst Repnin-Wolkonski, nach der Völkerschlacht bei Leipzig zum Generalgouverneur Sachsens ernannt, die Gartenanlagen auf dem Festungswall durch eine Freitreppe erschließen und machte die bis dato dem Adel vorbehaltene 500 m lange Brühlsche Terrasse der Öffentlichkeit zugänglich. Flankiert wird der Aufgang vom Schlossplatz heute von der Figurengruppe »Die vier Tageszeiten« von Johannes Schilling. Oben angekommen, passiert man zunächst den 1901–1907 vom Reichstagsarchitekten

Brühlsche Terrasse mit Ausflugsbooten der Weißen Flotte. Im Hintergrund erhebt sich die Hofkirche.

Paul Wallot entworfenen Alten Landtag (auch Ständehaus)
und die für den zweitgeborenen Prinzen 1907 errichtete
neobarocke Sekundogenitur. Die Plastik »Erde und Plane-
ten« des Dresdner Künstlers Vinzenz Wanitschke erinnert
an die Bastionen der alten Dresdner Stadtbefestigung. Majestätisch steht die Kuppel der Frauenkirche über den Häu-
sern der Münzgasse, die über eine Treppe zu erreichen ist.

Kunst–Stück

Der monumentale Neorenaissance-Bau der Kunstakademie
und heutigen Hochschule für Bildende Künste entstand
Ende des 19. Jhs. nach Plänen von Constantin Lipsius. Die
gläserne Kuppel trägt wegen ihrer gerippten Form den Kosenamen »Zitronenpresse«. Im Lipsiusbau, dem Ausstellungs-
gebäude an der Brühlschen Terrasse neben der Kunsthoch-
schule, präsentieren die Staatlichen Kunstsammlungen
Dresden (S. 48) wechselnde Ausstellungen. An der geschwungenen Treppenanlage, die zum Georg-Treu-Platz hi-
nabführt, steht das von Johannes Schilling geschaffene Sem-
per-Denkmal.

Denkmal für
Caspar David
Friedrich am
Ostende der
Brühlschen
Terrasse

Albertinum

Östlich der Kunstakademie liegt das 1884 bis 1887 durch den
Umbau des alten Zeughauses entstandene und nach König
Albert benannte Albertinum mit der Ga-
lerie Neue Meister und der Skulpturensammlung ab 1800. Zur Sammlung gehören herausragende Gemälde deutscher
Romantiker wie Caspar David Friedrich
oder Ludwig Richter sowie deutscher und
französischer Impressionisten von Claude
Monet über Auguste Renoir bis zu Max
Liebermann und Max Slevogt. Die Expressionisten sind mit Arbeiten von Mit-
gliedern der Dresdner Künstlergruppe
Brücke (S. 24) und Oskar Kokoschka vertreten; Otto Dix' monumentales Tripty-
chon »Der Krieg« von 1929/32 gehört zu
den Hauptwerken der Ausstellung. Zudem haben Maler der Neuen Sachlichkeit

wie Hans Grundig, Wilhelm Lachnit und Curt Querner ihren Platz. Die Epoche von 1945 bis zur Gegenwart wird von Künstlern wie Hermann Glöckner, Wolfgang Mattheuer, A. R. Penck oder Gerhard Richter (2 eigene Säle) repräsentiert. Im Klingersaal sind Gemälde und Skulpturen

Paul Gaugin, »Parau Api – Gibt's was Neues« (1892)

des Fin de Siècle versammelt, hier finden sich Werke von Max Klinger, Arnold Böcklin, Gustav Klimt und Oskar Zwintscher. Die Präsentation in der Skulpturenhalle spannt den Bogen von Auguste Rodin bis in die Gegenwart.

Festung Dresden

Die unter dem Grafen Brühl im 18. Jh. zugeschütteten Festungsanlagen unter der Brühlschen Terrasse mit Kanonenhöfen, Kasematten und dem Ziegeltor, dem letzten noch erhaltenen Stadttor Dresdens, wurden erst in den 1990er-Jahren wieder freigelegt. Seit 2020 entführt die multimediale Dauerausstellung »Feste. Dramen. Katastrophen. So nah wie nie« Besucher in die frühe Geschichte der sächsischen Residenz. Zur Unterwelt geht's per Fahrstuhl – Zugang in einem Kubus auf der Brühlschen Terrasse.

Café Vis-à-Vis: Sekundogenitur, tägl., Öffnungszeiten saisonabhängig, Tel. 0351 8 64 28 35

KLEINE PAUSE

Ganz traditionell: Kaffee und Schwarzwälder Kirschtorte im Café Vis-à-Vis.

✚ 202 B/C2 🚊 Straßenbahn 4, 8, 9 Theaterplatz; 3, 7 Synagoge

Kunsthalle im Lipsiusbau
☎ 0351 49 14 20 00 (Besucherservice)
⊕ www.skd.museum
🕐 Di–So 10–18 Uhr
✦ ausstellungsabhängig

Albertinum
☎ 0351 49 14 20 00 (Besucherservice)
⊕ www.skd.museum
🕐 Di–So 10–18 Uhr ✦ 12 €

Festung Dresden
✉ Brühlsche Terrasse
☎ 0351 4 38 37 03 57 ⊕ www.festung
-xperience.de 🕐 tägl. 10–18 Uhr ✦ 12 €

Nach Lust und Laune!

11 DenkRaum Sophienkirche

Östlich des Postplatzes steht zwischen zwei Neubauten die von Glaswänden eingehüllte, in abstrahierter Form neu errichtete »Busmannkapelle«, Gedenkort für die Sophienkirche. Die einzig verbliebene gotische Kirche der Stadt wurde im Kriegsjahr 1945 schwer beschädigt, die Ruine Anfang der 1960er-Jahre trotz zahlreicher Proteste abgerissen.

> ✛ 202 A1 ✉ Sophienstr. 2 ⊕ www.
> denkraum-sophienkirche.de
> 🚋 Straßenbahn 1, 2, 4, 8, 9, 11, 12,
> Bus 68 Postplatz

12 Augustusbrücke

Sie verbindet den linkselbischen Schlossplatz mit dem rechtselbischen Neustädter Markt. Im Laufe der Jahrhunderte wurde das Bauwerk mehrfach durch Hochwasser und Kriege zerstört. Der heutige Bau mit neun Sandsteinbögen entstand 1907 bis 1910 nach Plänen des Architekten Wilhelm Kreis. Seit 2022 ist die Brücke für den individuellen Autoverkehr gesperrt.

> ✛ 202 B2/3 🚋 Straßenbahn 4, 8, 9
> Theaterplatz und Neustädter Markt

13 Sächsische Dampfschifffahrt

Die größte und älteste Raddampferflotte der Welt hat ihren Heimathafen am Dresdner Terrassenufer.

Neun liebevoll aufpolierte historische Schaufelraddampfer und zwei neue Salonschiffe sind zwischen Diesbar-Seußlitz und Bad Schandau unterwegs. Höhepunkte sind die Flottenparade am 1. Mai und die Dampferparade zum Stadtfest im August.

> ✛ 202 B2 ✉ Terrassenufer
> ☎ 0351 86 60 90 ⊕ www.saechsische
> -dampfschifffahrt.de ❶ Abfahrten
> Mai–Sept. tägl. ca. 9–17 Uhr, Nebensaison bis ca. 15 Uhr, Abend- &
> Veranstaltungsfahrten 🚋 Straßenbahn
> 4, 8, 9 Theaterplatz; 3, 7 Synagoge
> ⛵ streckenabhängig, 1 Tarifzone 14 €

14 Johanneum – Verkehrsmuseum Dresden

Das stattliche Gebäude war einst Stall und Remise für die kurfürstlichen Pferde und Kutschen, beherbergte Porzellansammlung (S. 45), Rüstkammer (S. 46) und die Gemäldegalerie Alte Meister (S. 46). Seit 1956 präsentiert das Verkehrsmuseum Schätze aus vier Verkehrszweigen – von der ältesten erhaltenen deutschen Dampflok »Muldenthal« aus dem Jahr 1861 bis hin zu Exponaten des ostdeutschen Automobilbaus und der DDR-Luftfahrtindustrie. Spaß, nicht nur für Kinder, garantiert die 325 m² große Spur-Null-Modellbahnanlage.

> ✛ 202 B1/2 ✉ Augustusstr. 1
> ☎ 0351 8 64 40 ⊕ www.verkehrsmuse
> um-dresden.de ❶ Di–So 10–18 Uhr
> 🚋 Straßenbahn 1, 2, 4 Altmarkt ⛵ 11 €

15 Neumarkt

Der Neumarkt erlebte in den letzten Jahrzehnten seine Wiedergeburt in einem Mix aus moderner Architektur und rekonstruierten historischen Fassaden. Zu den kulturhistorisch interessantesten Bauten gehören die Häuser »Zum Schwan« und »Zur Glocke« neben der Frauenkirche, das Heinrich-Schütz-Haus mit dem »Kinderfries« und das von Pöppelmann entworfene Dinglingerhaus am Jüdenhof.

✦ 202 B1 🚊 Straßenbahn 1, 2, 4 Altmarkt

16 Coselpalais

Das von Johann Christoph Knöffel entworfene, im Siebenjährigen Krieg zerstörte und durch Julius Heinrich Schwarze wieder aufgebaute Palais gehörte einst Friedrich August von Cosel, Sohn von August dem Starken und der Gräfin Cosel. Der 1945 vernichtete Rokokobau wurde originalgetreu rekonstruiert.

✦ 202 B/C2 ✉ An der Frauenkirche 12 🚊 Straßenbahn 1, 2, 4 Altmarkt; 3, 7 Synagoge

17 Landhaus – Stadtmuseum & Städtische Galerie

Das einstige Versammlungsgebäude der sächsischen Landstände ist das Hauptwerk des Achitekten Friedrich August Krubsacius. Das 1770 bis 1775 errichtete Gebäude brannte im Zweiten Weltkrieg aus, wurde wiederaufgebaut und beherbergt das Stadtmuseum und die Städtische Galerie Dresden.

✦ 202 C1 ✉ Wilsdruffer Str. 2 (Zugang von der Landhausstr.) ☎ 0351 4 88 73 73 🌐 www.museen-dresden.de, www.galerie-dresden.de ◔ Di–So 10–18, Fr bis 19 Uhr 🚊 Straßenbahn 1–4, 7, 12, Bus 62 Pirnaischer Platz 💶 je 5 €, Kombiticket 8 €, Fr ab 12 Uhr Eintritt frei (außer feiertags)

18 Neue Synagoge

63 Jahre nach der Zerstörung der Synagoge Gottfried Sempers durch die Nationalsozialisten wurde die Neue Synagoge geweiht. Der erhaltene Davidstern fand seinen Platz über dem Eingangsportal. Zwischen Synagoge und Brühlscher Terrasse (S. 62) erinnert eine Stele an die Pogromnacht des 9. November 1938.

✦ 202 C2 ✉ Hasenberg ◔ Führungen (außer Fr, Sa und an jüdischen Feiertagen, 2024 Einschränkungen wegen Bauarbeiten) Termine unter 🌐 www.hatikva.de, ☎ 0351 8 02 04 89 🚊 Straßenbahn 3, 7 Synagoge 💶 6–7 €

Der moderne Kubus der Neuen Synagoge

Wohin zum ...
Essen und Trinken?

Preise für ein Hauptgericht
(ohne Getränke)
€   unter 15 €
€€   15–25 €
€€€   über 25 €

Alte Meister €€€

Im Westflügel der gleichnamigen Gemäldegalerie liegt dieses stilvolle Restaurant. Die
frische saisonale Küche kann man im Sommer auch auf der Terrasse mit Blick auf den
Theaterplatz genießen. 2022 öffnete das
Schwesterrestaurant Anna im Residenzschloss seine Pforten (Mo-Sa 12-22, So 9-18
Uhr, Tel. 0351 79 51 15 35, www.anna-dres
den.de).
✚ 202 A2 ✉ Theaterplatz 1a
☎ 0351 4 81 04 26 ⊕ www.altemeister.net
◑ Di-Sa 12.30-22, So 12-19 Uhr 🚋 Straßenbahn 4, 8, 9 Theaterplatz

brennNessel €€

Nur wenige Minuten Fußweg vom Zwinger
entfernt und dennoch jenseits der Touristenströme – dieses kleine Restaurant in
einem Fachwerkhaus aus der Mitte des
17. Jhs. ist eine Oase der Ruhe im hekti-
schen Treiben der Stadt. Auf den Tisch
kommt vor allem Vegetarisches. Neben
Brennnesselsuppe oder Gemüseauflauf
steht ganz undogmatisch aber auch Bauernfrühstück mit Schinken auf dem Programm.
Im Sommer kann man sich im lauschigen
Hof ein erfrischendes Biobier schmecken
lassen. Extra-Karte für Veganer.
✚ 196 A1 ✉ Schützengasse 18
☎ 0351 21 78 90 68 ⊕ www.brennnessel-dres
den.de ◑ tägl. 11-23 Uhr 🚋 Straßenbahn 1, 2,
6, 10, Bus 68 Bahnhof Mitte

Coselpalais – Grand Café und
Restaurant €€

Dank seiner Lage bei der Frauenkirche, aber
auch wegen der opulenten Speisekarte mit
internationalen und sächsischen Spezialitäten gehört das Grand Café im rekonstruierten Coselpalais zu den meistbesuchten

werden exzellente Torten und Kuchen der
Konditorei Eisold auf edlem Meissener Porzellan serviert.
✚ 202 B/C2 ✉ An der Frauenkirche 12
☎ 0351 4 96 24 44 ⊕ www.coselpalais
-dresden.de ◑ So-Do 11-23, Fr, Sa 11–24 Uhr
🚋 Straßenbahn 1, 2, 4 Altmarkt

Dresden 1900 €€

Über drei Jahrzehnte lang war die »Linie 6«
Dresdens Kultkneipe. Das 2008 eröffnete
Restaurant knüpft an diese gute Tradition an
und präsentiert auf einem nachgebildeten
historischen Postplatz die älteste noch erhaltene Straßenbahn Dresdens: die »Hele-
ne« von 1898, die bis zu 14 Gästen Platz bietet. Gekocht wird »sägs'sch« wie bei Oma
und »neumod'sch«. Täglich von 8-11 Uhr
gibt es ein Frühstücksbuffet.
✚ 202 B1 ✉ An der Frauenkirche 20
☎ 0351 48 20 58 58 ⊕ www.dresden1900.de
◑ tägl. 8-24, Küche bis 22 Uhr
🚋 Straßenbahn 1, 2, 4 Altmarkt

The Dutch Pancake House €

Dresdens wohl farbenprächtigstes Restaurant. Unter riesengroßen Deko-Tulpen kommen herzhafte und süße Pannekoeken und
Poffertjes auf die Tische und die zentrale
lange Tafel des Greentable-Restaurants, das
viel Wert auf Nachhaltigkeit legt.
✚ 202 B1 ✉ Galeriestr. 22 ☎ 0351 48 48 64 64
◑ Mo-Fr 11.30-22/23, Sa 9-23, So 9-20 Uhr
🚋 Straßenbahn 1, 2, 4 Altmarkt

edelweiss €€

Alpenrestaurant, eingerichtet im Schweizer
Chalet-Sil. Wer Rösti, Zürcher Geschnetzel-

tes, Käseknöpfli und Kaiserschmarrn liebt, ist hier richtig. Täglich bis 11.30 Uhr gibt es ein kräftiges Hüttenfrühstück. Von der ebenerdigen Terrasse und vom Panoramabalkon im Obergeschoss kann man das Treiben rund um die Frauenkirche beobachten.
✝ 202 B2 ✉ An der Frauenkirche 7
☎ 0351 4 98 98 36 ⊕ www.edelweiss-alpenrestaurant.de ◑ tägl. 9–24 Uhr
🚋 Straßenbahn 1, 2, 4 Altmarkt

Freiberger Schankhaus €€
In uriger Brauhausatmosphäre werden Bierspezialitäten aus Freiberg und rustikale sächsische Hausmannskost aufgetischt. Von Mitte März bis Ende Oktober kann man auf der Terrasse direkt auf dem Neumarkt Platz nehmen.
✝ 202 B1 ✉ Neumarkt 8 ☎ 0351 5 00 43 47
⊕ www.freiberger-schankhaus.de
◑ Tägl. ab 11.30 Uhr 🚋 Straßenbahn 1, 2, 4 Altmarkt

Italienisches Dörfchen €€
Das nach den italienischen Bauleuten der Hofkirche benannte Haus umfasst zwei Restaurants, ein Café und einen Biergarten und ist dank seiner Lage fest in Touristenhand. Unter ausgemalten Kassettendecken sitzen Sie im »Stadtwaldschlösschen« bei deftiger Brauhauskost und Waldschlösschenbier. Im »Kaffeehaus« gibt's fluffige Waffeln und leckeren Kuchen. Das italienische Fischrestaurant »Enotria da Miri« im Obergschoss (Mi-So 11.30-22.30 Uhr, €€€) hat zu Risotto di frutti di mare den Blick von zwei Balkonen – zur Elbe und zum Theaterplatz – zu bieten.
✝ 202 A/B2 ✉ Theaterplatz 3
☎ 0351 49 81 60 ⊕ www.italienisches-doerfchen.de ◑ Mi-So 9-22 Uhr
🚋 Straßenbahn 4, 8, 9 Theaterplatz

Kahnaletto €€€
Seit 1994 liegt der Theaterkahn am Terrassenufer neben der Augustusbrücke. Neben dem »Dresdner Brettl«, einem Theater für Kabarett, Musik und Literatur, hat er das Restaurant »Kahnaletto« an Bord. Dieses überzeugt mit frischer mediterraner Küche und wöchentlich neuen Gerichten. Genie-

ßen Sie abends einen Absacker in der gemütlichen Bar im Schiffsrumpf.
✝ 202 B2 ✉ Terrassenufer/Augustusbrücke
☎ 0351 4 95 30 37 ⊕ www.kahnaletto.de
◑ Di-Sa 12-15, 17.30-22, Fr, Sa bis 23 Uhr
🚋 Straßenbahn 4, 8, 9 Theaterplatz

Kastenmeiers €€€
Nach monatelanger Renovierung des Kempinski Hotels Taschenbergpalais residiert Gourmetkoch Gerd Kastenmeier mit seinem Fischrestaurant wieder in dem Grand Hotel neben dem Zwinger. Vom großen Gartensaal geht der Blick in die offene Küche, an der Fischtheke können Sie sich ihren Lieblingsfisch aussuchen. Außerdem gibt es eine Sushi- und Austernbar mit Separee, und an lauen Abenden sitzt man am besten im Innenhof.
✝ 202 A1 ✉ Taschenberg 3
☎ 0351 48 48 48 01 ⊕ www.kastenmeiers.de
◑ Tägl. 17–23 Uhr 🚋 Straßenbahn 1, 2, 4, 9, 11, 12, Bus 68 Postplatz, Straßenbahn 4, 8, 9 Theaterplatz

Münzgasse €–€€€
In der Kneipenmeile zwischen Frauenkirche und Brühlscher Terrasse reihen sich Restaurants für unterschiedlichste Geschmäcker aneinander. Am Südende liegen sich das »Alpenrestaurant edelweiss« und das »Hilton Bistro & Bar Ecke Frauenkirche« gegenüber. Auf der linken Seite folgen elbwärts das Steakhaus »Alte Münze« und das »Bierhaus Dampfschiff«. Vis-à-vis beginnt es spanisch mit dem »Las Tapas«, geht es down under im »Ayers Rock« weiter und wird es bodenständig deutsch in der »Kutscherschänke«.
✝ 202 B2 ✉ Münzgasse 4-10 ◑ jeweils vormittags bis Mitternacht oder länger
🚋 Straßenbahn 1, 2, 4 Altmarkt

Ontario €€€
Canadian Steakhouse: Das bedeutet viel Holz und Leder im schicken Restaurant in der ersten Etage sowie im Diner im Erdgeschoss. Die Speisenauswahl reicht vom Beef Tea (Ochsenbrühe mit Grießklößchen) über den Angus Burger bis zur in Rübensirup geschmorten Elchschulter. Ein ganz beson-

derer und feiner Genuss sind die Steaks vom Wagyu-Rind (Kobe-Rind).

✛ 202 B2 ✉ An der Frauenkirche 2
☎ 0351 40 28 86 60 ⊕ www.ontario-dresden.de ◑ So–Do 12–23, Fr, Sa 12–24 Uhr
🚊 Straßenbahn 1, 2, 4 Altmarkt

Platzhirsch €€–€€€

Im Schlosseck, einem der jüngsten Quartiere rund um den Neumarkt, hat ein ganz besonderer Hirsch Platz genommen. In unprätentiös-stilvollem Ambiente werden internationale Klassiker von Ossobuco bis Barramundifilet serviert. Und Hirschrücken steht natürlich auch auf der Karte.

✛ 202 B1 ✉ Schlossstr. 10 ☎ 0351 21 29 39 39 ⊕ www.platzhirsch-dresden.de ◑ Juni-Aug. Mo-Mi 17-22, Do-So 12-22, ab Sept. 12-22 Uhr 🚊 Straßenbahn 1, 2, 4 Altmarkt

Pulverturm €€

In den Resten eines alten Pulverturms im Keller des rekonstruierten Coselpalais geht es rustikal zu. Im Türkischen Gewölbe, in den Schwedengemächern oder im Arrest tragen fleißige Mägde und zackige Grenadiere »Marschrationen«, »Kanonenkugeln« im Blätterteig oder Ferkel im Brotlaib auf. Ähnlich rustikal ist das Speisenprogramm im Schwesterrestaurant »Sophienkeller« im Taschenbergpalais.

✛ 202 C2 ✉ An der Frauenkirche 12 ☎ 0351 26 26 00 ⊕ www.pulverturm-dresden.de ◑ So, Di, Do 12-22, Fr, Sa 11-23 Uhr 🚊 Straßenbahn 1, 2, 4 Altmarkt

Restaurant finesse €€€

In dem aufstrebenden Viertel zwischen Zwinger und dem neuen Kulturkomplex Kraftwerk Mitte liegt dieses kleine, aber feine Lokal, das seinem Namen alle Ehre macht. Die Küche ist wie das Interieur schnörkellos modern. Der Inhaber und Küchenchef Elvis Herbek verwöhnt seine Gäste mit mediterran inspirierten Gerichten und dazu passenden edlen Tropfen.

✛ 196 A1 ✉ Schützengasse 13 ☎ 0351 48 45 49 30 ⊕ www.restaurant-finesse.de ◑ Do–So ab 17 Uhr 🚊 Straßenbahn 1, 2, 6, 10, Bus 68 Bahnhof Mitte

Wohin zum ... Einkaufen?

Mit der fortschreitenden Bebauung des Neumarkts wächst auch die Zahl der exklusiveren Geschäfte in der Altstadt.

Das Quartier an der Frauenkirche (S. 40) mit seiner QF-Passage (S. 192) beherbergt – neben Restaurants und der Dresden-Info – u. a. eine Reihe hochpreisiger Modeboutiquen mit ausgewählten Marken: Mode de Vie, Ute Lange, Van Laack und La Boutique Concept Store. Die Uhren-Nobelmarken Glashütte Original ist mit einer Dependance vertreten. In der Galerie Komische Meister kann man Cartoons betrachten und kaufen.

Das berühmte **Meissener Porzellan** gibt es im Signature Store (An der Frauenkirche 1) und im Outlet in der QF-Passage. Der Uhrenhersteller A. Lange & Söhne residiert mit einer Boutique am Neumarkt 15.

BM Geschenke & Ambiente bietet Kunsthandwerk aus dem Erzgebirge und ist in der Altstadt mit zwei Filialen vertreten (Schlossstr. 18 und Galeriestr. 20).

Klasse statt Masse: Ausgesuchte Erzgebirgskunst (u. a. von Wendt & Kühn) gibt es bei Tradition und Form, Herrnhuter Sterne im benachbarten Sternenzauber (Landhausstr. 6 & 8).

Exklusive Mode bieten Silbermann (Schlossstr. 1) und La Donna (Schlossstr. 5).

In der Schlossstr. 22 liegt Camondas Schokoladenwelt. Hier können Sie erstklassige Schokoladen kaufen, in der Kakaostube eine heiße Schokolade oder einen Schokoladenlikör trinken und sich im Schokoladenmuseum über die Geschichte Dresdens als einstige Schokoladenhauptstadt Deutschlands informieren und erfahren, wie sich echte Schokolade von industrieller Massenware unterscheidet. Tipp: Am Eisfenster gibt's das tolle Schokoladeneis am Stiel!

Geschmackvolle Souvenirs und ausgesuchte Lieblingsstücke, Kunst- und Dresdenliteratur sowie originelles Spielzeug finden Sie in den Museumsshops von Zwinger (S. 44), Residenzschloss (S. 52), Albertinum (S. 64) und Stadtmuseum (S. 67).

Wohin zum ...
Ausgehen?

THEATER / OPER

Dresdens berühmtester Musentempel ist die Semperoper (S. 58). Inszeniert werden Opern und Ballettaufführungen sowie zeitgenössisches Musiktheater. Vor allem die klassischen Opern sind oft ausverkauft, frühe Kartenreservierung ist ratsam.

Semper Zwei ist die Experimentierbühne für verschiedene Musiktheaterformate auch, aber nicht nur für junge Leute (Besucherservice in der Schinkelwache, Theaterplatz 2, Mo–Fr 10–18, Sa 10–17, Jan.–März Sa 10–13 Uhr, Tel. 0351 4 91 17 05, Abendkasse in der Zentralgarderobe eine Stunde vor Vorstellungsbeginn geöffnet, www.semperoper.de).

Gegenüber dem Kronentor des Zwingers (S. 44) steht das bedeutendste Sprechtheater der Stadt, das 1911–1913 erbaute Schauspielhaus. Auf seiner Hauptbühne präsentiert das Staatsschauspiel Dresden klassische und moderne Theaterstücke (Theaterkasse: Theaterstr. 2/Ostra-Allee, Mo–Fr 10–18.30, Sa 12–18 Uhr, Tel. 0351 4 91 35 55, www.staatsschauspiel-dresden.de).

Im Wallpavillon des Zwingers finden vor allem Klassikkonzerte und Opern-Galas statt. Informationen und Tickets über die jeweiligen Veranstalter oder Schlösserland Sachsen (www.schloesserland-sachsen.de).

Auf der Elbe neben der Augustusbrücke liegt der Theaterkahn (Terrassenufer an der Augustusbrücke, Tel. 0351 4 96 94 50, www.theaterkahn.de). Seit 1994 ist er die Heimstätte der Dresdner Brettl-Bühne mit ihrem Repertoire zwischen Komödie, Kabarett und musikalisch-literarischem Programm.

Der Dresdner FriedrichstaTT Palast (Wettiner Platz 10, Eingang Jahnstr., Tel. 0351 4 90 40 09, www.dresdner-friedrichstatt-palast.de) kratzt mit Satire und musikalisch-szenischen Programmen an Genregrenzen.

BARS UND CLUBS

Im Gin House (An der Frauenkirche 13, Tel. 0351 41 72 70, So–Do ab 20, Fr, Sa ab 19 Uhr) im Hotel Suitess führt der Wacholderschnaps in vielen Variationen die Hitliste an.

Ausgefallene Cocktails und die Aussicht auf die Kuppel der Frauenkirche machen die Twist Bar in der 6. Etage des Innside-Hotels zu einem der angesagtesten Nachtschwärmertreffs der Stadt. Samstags Live-Entertainment (Salzgasse 4, Tel. 0351 7 95 15 10 15, Juni–Sept. tägl. ab 21, Okt.–Mai ab 18 Uhr).

In der Tonne geben sich Jazz-Größen die Klinke in die Hand (Tzschirnerplatz 3–5, Tel. 0351 8 02 60 17, www.jazzclubtonne.de).

Stimmungsvoll beleuchtet: die Semperoper

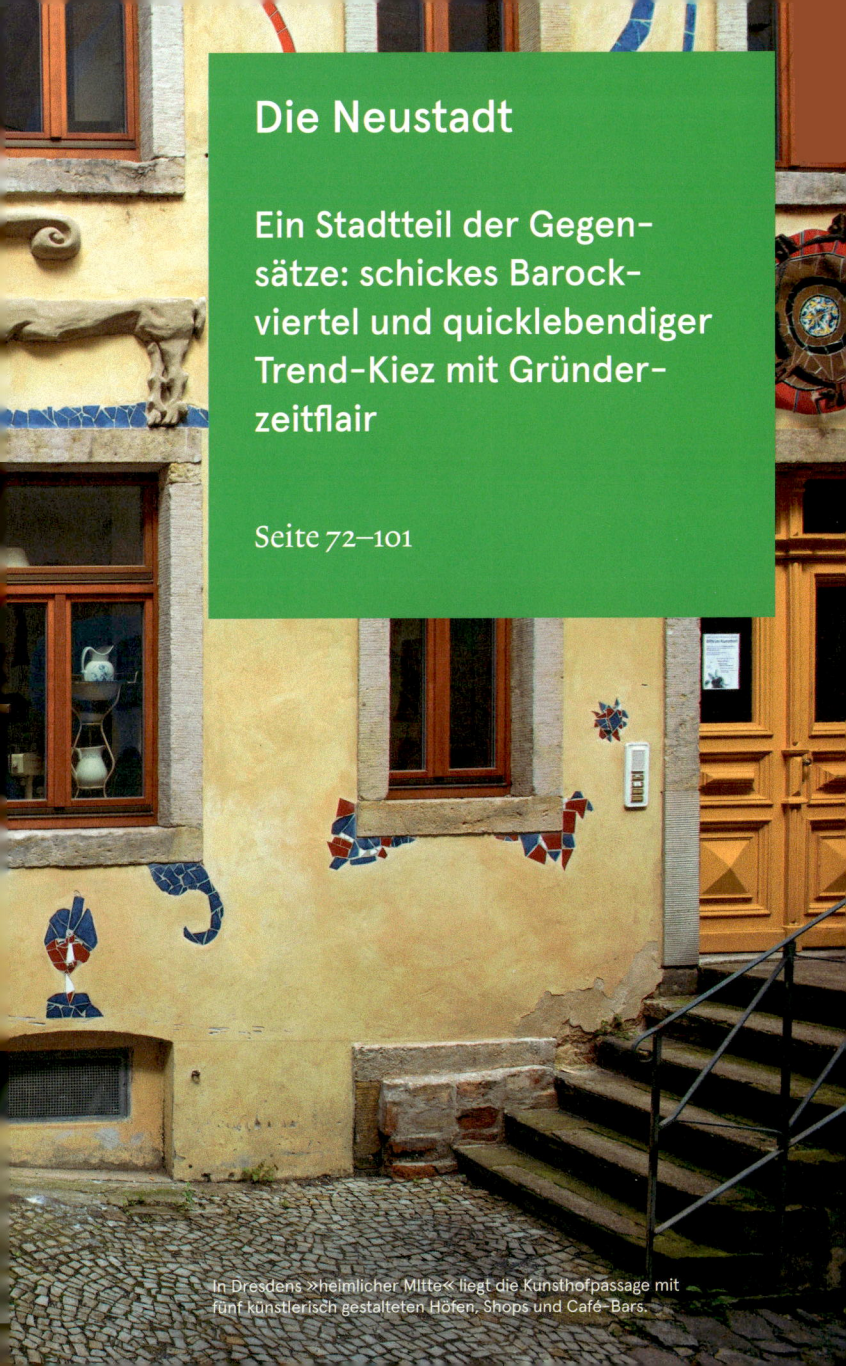

Die Neustadt

Ein Stadtteil der Gegensätze: schickes Barockviertel und quicklebendiger Trend-Kiez mit Gründerzeitflair

Seite 72–101

In Dresdens »heimlicher Mitte« liegt die Kunsthofpassage mit fünf künstlerisch gestalteten Höfen, Shops und Café-Bars.

Erste Orientierung

Sie liegt nur eine Elbbrücke von Semperoper und Zwinger entfernt und bleibt dennoch vielen Dresden-Besuchern unbekannt. Doch auch wenn die klassischen Sehenswürdigkeiten hier weniger dicht gesät sind als in der Altstadt: Die Neustadt hat ihre ganz eigenen Qualitäten.

1549 vereinigte Kurfürst Moritz von Sachsen – sehr zum Missfallen seiner Bürger – das bis dato selbstständige rechtselbische Altendresden mit der kurfürstlichen Residenz Dresden. Nach einem verheerenden Stadtbrand im August 1685 begann, einem Plan von Wolf Caspar von Klengel folgend, der Wiederaufbau als »Neue Stadt bey Dresden«. August der Starke machte daraus 1732 seine »Neue Königstadt«.

Die Innere Neustadt zwischen Haupt- und Königstraße ist mit den letzten erhaltenen barocken Bürgerhäusern (S. 89) der Stadt, mit Einkaufspassagen, Restaurants und Galerien eines der schönsten Quartiere Dresdens. Der nördlich der einstigen Stadtbefestigung entstandene Gründerzeitbezirk, die Äußere Neustadt, hat sich seit der Wende zum angesagten Szene- und Kneipenviertel und Eldorado der Nachtschwärmer entwickelt.

Japanisches Palais

24 Militärhistorisches
Museum der Bundeswehr

Alaunplatz

Kraszewski-
Museum **25**

Bischofsweg

Äußere Neustadt

10 ★★

Kunsthof
Dresden

Louisenstr.

Königsbrücker Str.

Alaunstr.

Görlitzer Str.

Louisenstr.

M.-Luther-
Platz

Alter
Jüdischer
Friedhof

Bahnhof
Dresden-
Neustadt

Lutherkirche

…esischer
…Platz

Antonstr.

Erich
Kästner
Museum

Bautzner Str.

Theresienstr.

22 Albertplatz

Hoyerswerdaer Str.

Königstraße

21

Georgenstr.

Hospitalstr.

Oberer
Kreuzweg

Glacisstr.

Carusufer

Dreikönigskirche

…gelgenhaus-
Museum der
Dresdner
Romantik

Unterer
Kreuzweg

26

Rosengarten

Markthalle

Staats-
archiv

Kunsthand-
…erkerpassagen

Hauptstr.

Albertstr.

Jägerhof,
Volkskunst-
museum

20

…dter Markt &
…ptstraße &
…ener Reiter

23

W.-Buck-Str.

Wigardstr.

Köpckestr.

28

Finazministerium

27

Sächsische
Staatskanzlei

200 m

200 yd

Elbe

Mein Tag
mit Shoppen und Bummeln

Ein Shopping-Eldorado mit Straßen, in denen sich eine Nobelboutique an die andere reiht, ist Dresden nicht. Dafür gibt es vor allem in der Neustadt jede Menge meist kleinerer Läden mit ausgefallener Mode, mit Schmuck, Kunsthandwerk und allerlei Krimskrams. Statt einer Jagd auf Designer-Schnäppchen erwartet Sie eine Entdeckertour mit vielen Überraschungen.

10 Uhr: August weist den Weg
Starten Sie Ihren Neustadt-Bummel am ⑳ <u>Neustädter Markt</u> (S. 88). Mitten auf dem Platz steht der <u>Goldene Reiter</u> (S. 78) – ein Denkmal Augusts des Starken, der stadtauswärts in Richtung seines polnischen Königreichs reitet. Folgen Sie der Richtung, die er vorgibt, hinein in die Hauptstraße, Dresdens schönsten Fußgängerboulevard. Nach 300 m finden Sie ein Ensemble rekonstruierter Bürgerhäuser mit <u>Kunsthandwerkerpassagen</u> (S. 88) im Erdgeschoss. Schlendern Sie durch die sechs Passagen mit Schauwerkstätten und Läden, von der Goldschmiedewerkstatt bis zu einem Fachgeschäft für Plauener Spitze. Im Haus mit der Nr. 13 wohnte

16.30 Uhr: Wohlfühloase im Hinterhof

18 Uhr: Hinein ins Neustädter Nachtleben

18 Uhr

Alaunplatz

Lila Soße
10 ★★

Kunsthof Dresden

Ende

15 Uhr: Szeneviertel mit Gründerzeitflair

16.30 Uhr

Louisenstr.

Blue Note

Tendresse

15 Uhr

Lutherkirche

Alter Jüdischer Friedhof

Alaunstr.

Böhmische Str.

M. LutherPlatz

Pfunds Molkerei

art & form

Bautzner Str.

Rothenburger Str.

Speisewerk

13.30 Uhr

22

Japée

12 Uhr

Dreikönigskirche

Societätstheater

Kügelhaus – Museum der Dresdner Romantik

Markthalle

Kunsthandwerkerpassagen

Glacisstr.

Haupstr.

Start

20

10 Uhr

13.30 Uhr: Gute Traditionen

200 m
200 yd

Elbe

12 Uhr: Alles unter einem Hut

10 Uhr: August weist den Weg

Links: Los geht's am bekanntesten Denkmal von Dresden: dem Goldenen Reiter; rechts oben: ausgefallene Hüte probieren bei Jacqueline Peevski; rechts unten: die »Pfunds Molkerei« mit ihren handbemalten Fliesen.

einst der Maler Gerhard von Kügelgen (1772–1820). Es war Treffpunkt so berühmter Zeitgenossen wie Caspar David Friedrich, Johann Wolfgang Goethe oder Carl Maria von Weber. Heute beherbergt es das Museum der Dresdner Romantik (S. 88). Im Hof hinter den Kunsthandwerkerpassagen befindet sich das Societaetstheater (S. 100), direkt daneben ein kleiner Barockgarten mit duftenden Kräutern und Quittenbäumchen. Stärken Sie sich für den weiteren Weg mit einem XXL-Milchkaffee im »Emils 1900« in der Hauptstraße direkt gegenüber des Eingangs zur Dreikönigskirche.

12 Uhr: Alles unter einem Hut

Nach einem Abstecher auf den Turm der Dreikönigskirche (lohnt sich wegen der traumhaften Aussicht) geht es über den ❷ Albertplatz (S. 92) zur angrenzenden Bautzner Straße. Auf deren Südseite in der Nr. 6 residiert Jacqueline Peevski mit ihrem Hutkunst-Laden Japée (S. 99). Mit den extravaganten Kreationen der studierten Kostümbildnerin sind Sie gut »behütet«. Schräg gegenüber bei art & form (S. 99), einer Mischung aus Galerie und Laden, finden Sie neben Kunst vor allem originelle Papeterie- und Geschenkartikel. Wie wäre es denn

In der quirligen Neustadt lockt ein bunter Mix aus kleinen Geschäften, Kneipen und Galerien.

mit einer Frauenkirchen-Ausstech-form oder einem Herrnhuter Mini-Stern?

13.30 Uhr: Gute Traditionen

Zur bekanntesten Neustädter Touristenattraktion gelangen Sie rund 1 km ostwärts die Bautzner Straße entlang – zu Fuß oder zwei Stationen mit der Straßenbahn. Pfunds Molkerei (S. 82) ist laut Guinness-Buch der »schönste Milchladen der Welt«. Das 130 Jahre alte Geschäft, in dem heute allerlei

Milchprodukte und Souvenirs verkauft werden, ist vollständig mit handbemalten Fliesen von Villeroy & Boch ausgekleidet – ein echter Augenschmaus. Für den Mittagsimbiss empfiehlt sich das Tagesbistro Speisewerk (S. 98) in der Bautzner Straße 71. Hier sitzen Sie an Tischen aus alten Gerüstbohlen.

15 Uhr: Szeneviertel mit Gründerzeitflair

Flanieren Sie wieder stadteinwärts und dann rechts zum Lutherplatz

16.30 Uhr

Kleine Erfrischungspause im Hofcafé (S. 97) in der lauschigen Kunsthofpassage

mit stattlichen Gründerzeitbauten und der Martin-Luther-Kirche (S. 83) in der Mitte. Durch das schmiedeeiserne Tor in der Nord-Ost-Ecke erhaschen Sie einen Blick auf den Alten Jüdischen Friedhof (S. 84). Folgen Sie dann der nach Westen abgehenden Böhmischen bis zur Rothenburger Straße und biegen Sie rechts ab. In ihrem Werkstatt-Laden bietet Katarina Gnauck (S. 99) wunderschöne, mit goldenen Krönchen geschmückte Keramik an. Nur ein paar Schritte weiter finden Sie bei Tendresse, Doppellotte oder Unipolar (alle S. 99) junge und nachhaltige Mode sowie hübsche Accessoires.

16.30 Uhr: Wohlfühl-Oase im Hinterhof

Hinter der Kreuzung mit der Louisenstraße beginnt die Görlitzer

Angesagte Kneipen und Bars gibt es in der Dresdner Neustadt zuhauf. Ein Nachtschwärmer-Hotspot ist das »Blue Note«.

Straße. Die bei Einheimischen wie Gästen gleichermaßen beliebte Kunsthofpassage (S. 82) besteht aus fünf von Künstlern fantasievoll gestalteten Höfen mit Geschäften und Lokalen. Zeit für die Kamera: Im Hof der Tiere knabbert eine (Sandstein-)Giraffe die grüne Hauswand an, und im Hof der Elemente wird eine spektakuläre Installation aus Röhren und Trichtern vor einer blauen Fassade bei Regen zu einem Wassertheater. Lassen Sie sich verführen von den ausgefallenen Angeboten der etwa 15 Shops im und um den Kunsthof (S. 100): vom Ultramaringelb (Schmuck) über Mrs. Hippie (flippige Klamotten) und Lady Yule (Rockabilly-Mode) bis zu Morgenland (hübsche Gläser und Schalen) und zum Feng Shui Haus (allerlei Schnickschnack.

18 Uhr: Hinein ins Neustädter Nachtleben

Allabendlich pulsiert das Nachtleben in dem Viertel mit der höchsten Kneipendichte der Stadt. Für das Abendessen finden Sie im und rund um den Kunsthof mehrere Möglichkeiten mit frischer junger Küche: etwa das Restaurant Lila Soße (S. 98) im Hof der Fabelwesen oder das Böhme (S. 96). Zum Nachtprogramm geht es für Cocktails und Live-Musik ins nahe Blue Note (S. 101) oder zum Filmgucken ins benachbarte Thalia (S. 101).

Blue Note
✉ Görlitzer Str. 2b
☎ 0351 8 01 42 75 ⊕ www.jazzdepartment.com

➓ ★★ Äußere Neustadt

Warum?	Hier schlägt das Herz des jungen, bunten Dresdens.
Was?	Bummeln, den Kunsthof besuchen, abends ins Blue Note
Wie lange?	3 Stunden, dann in die Verlängerung gehen
Wann?	Am späten Nachmittag und in den Abend hinein
Was noch?	Der »schönste Milchladen der Welt«
Was nehme ich mit?	Eine Flasche von Pfunds Milchgrappa

»Hof der Elemente« in der Kunsthofpassage

Für die Dresdner ist das Viertel oberhalb der Bautzner Straße schlicht »die Neustadt«. Der im 19. Jh. entstandene Stadtteil blieb von den Zerstörungen des Zweiten Weltkriegs (S. 18) weitgehend verschont und gilt heute als eines der größten zusammenhängenden Gründerzeitviertel Europas. Seit den 1970er-Jahren zog es immer mehr junge Leute hierher: Studierende, Familien, Künstler und Lebenskünstler. Viele der neuen Mieter wohnten »schwarz«, bewahrten jedoch nicht selten die maroden 100 Jahre alten Häuser vor dem endgültigen Verfall. Drohte vor der Wende noch der Abriss ganzer Straßenzüge, so galt es danach, die Neustadt vor allzu gierigen Immobilienspekulanten zu schützen.

Es lebe die Republik!

An einem Wochenende im Juni 1990 wurde hier trotzig-fröhlich die Bunte Republik Neustadt (S. 26) ausgerufen, mit einer »Ordentlichen Provisorischen Regierung« und einem »Monarchen ohne Geschäftsbereich«, mit Demarkationslinien und einer eigenen Währung. Seit jenen Tagen des Aufbruchs hat sich die Neustadt verändert: Die meisten Häuser sind saniert, andauernd wird irgendwo eine Kneipe oder ein Laden eröffnet und manch Hinterhofidyll musste einem Parkplatz weichen. Der freie Geist der Bunten Republik wurde dennoch drei Jahrzehnte lang im Juni mit einem großen, zuletzt bisweilen überbordenden, Stadtteilfest gefeiert. Nach der Corona-Zwangspause gehen die Neustädter den Weg hin zu einer nachhaltigeren »BRN« von den Bewohnern für die Bewohner des Viertels.

Mischung aus Neoromanik und Neogotik: Lutherkirche

Kneipenkultur und Hinterhofkunst

Görlitzer und Rothenburger, Alaun- und Louisenstraße sind die Shopping- und Kneipenmeilen des Viertels. Die Alaunstraße führt vom Albertplatz (S. 92) vorbei am Kulturzentrum Scheune (Umbau bis 2025, S. 98) zum Alaunplatz, einer weitläufigen, von den Neustädtern als Liegewiese und Spielplatz genutzten Grünanlage. In der Kunsthofpassage (S. 82) zwischen Görlitzer und Alaunstraße laden fünf von Dresdner Künstlern thematisch gestaltete Höfe samt Läden und Lokalen zum Einkaufen und Verweilen ein.

Neustädter Geschichte(n)

Mitten auf dem von Bürgerhäusern gesäumten Martin-Luther-Platz steht die Martin-Luther-Kirche. Sie wurde 1883–1887 von Ernst Giese und Paul Weidner in einer Mischung aus Neoromanik und Neogotik erbaut. Vor dem Chor

auf der Ostseite erinnert ein Mahnmal von 1928 an die Toten des Ersten Weltkriegs. Martin Luther grüßt in Sandstein vom Erker des Pfarramts am Martin-Luther-Platz Nr. 5.

In der angrenzenden Pulsnitzer Straße liegt der Alte Jüdische Friedhof. 1751 wurde der Dresdner Jüdischen Gemeinde das Gelände, damals noch vor den Toren der Stadt gelegen, als Begräbnisplatz zugewiesen – zuvor mussten sie ihre Toten nach Teplitz bringen. Der Friedhof wurde bis 1869 genutzt.

Café und Bar Lloyd's am Martin Luther-Platz – zu jeder Tageszeit beliebt

Um die Ecke in der Bautzner Straße befindet sich Pfunds Molkerei (S. 99), die Neustadt-Sehenswürdigkeit mit dem größten Aufkommen an Touristenbussen. Wände und Decken des 1892 eröffneten »schönsten Milchladens der Welt« sind mit farbigen Majolikafliesen der Firma Villeroy & Boch geschmückt. Hier werden Milch und Käse, Schokolade, Pflegeprodukte, sächsischer Wein und Souvenirs verkauft.

KLEINE PAUSE

Das **Café Lloyd's** am Martin-Luther-Platz lädt nachmittags zum »Afternoon Tea«: mit Sandwiches, Scones samt Clotted Cream und Lemon Curd sowie Teegebäck – very british.

✝ 196/197 C/D 2/3
🚋 u. a. Straßenbahn 3, 6–8, 11 Albertplatz

Kunsthofpassage
✝ 197 D3 ✉ Görlitzer Str. 21–25/Alaunstr. 70
🚋 Straßenbahn 13 Görlitzer Straße oder Alaunplatz, 7, 8 Louisenstraße

Martin-Luther-Kirche
✝ 197 D2
✉ Martin-Luther-Platz

❶ Turmaufstieg im Rahmen der Sommerkonzertreihe, Juni–Aug. Fr. 20–23.30 Uhr
➤ 1,50 € 🚋 Straßenbahn 11 Pulsnitzer Str.

Alter Jüdischer Friedhof
✝ 197 D2
✉ Pulsnitzer Str. 10/12
☎ 0351 8 02 04 89 (Schlüssel zur individuellen Besichtigung und Infos zu Führungen – auch in der Neuen Synagoge – bei Hatikva)

⊕ www.hatikva.de
❶ Mo–Do 13–16 Uhr
🚋 Straßenbahn 11 Pulsnitzer Straße

Pfunds Molkerei
✝ 197 D2 ✉ Bautzner Str. 79 ☎ Laden 351 80 80 80, Restaurant 351 8 10 59 48
⊕ www.pfunds.de
❶ Laden Mo–Sa 10–18, im Winter bis 17 Uhr, Restaurant Mo–Sa 10–18 Uhr 🚋 Straßenbahn 11 Pulsnitzer Straße/ Diakonissenkrankenhaus

⑲ Japanisches Palais

Warum?	Schätze aus fernen Welten in einem Prachtbau mit fernöstlichem Touch
Was?	Zwei Museen: eins ethnografisch, eins naturwissenschaftlich
Wie lange?	2 Stunden plus 1 Stunde Spaziergang am Elbufer
Wann?	Am Vormittag, danach die Neustadt erkunden
Was noch?	Das Damaskuszimmer, ein Kleinod historischer syrischer Innenarchitektur
Was nehme ich mit?	Den »Canalettoblick« auf die Altstadt, 200 m elbaufwärts

Noch heute erinnern die geschweiften Dächer, die Chinesenhermen im Innenhof und der Name des spätbarock-klassizistischen Bauwerks an seine einstige Bestimmung. Der sächsische Kurfürst und Porzellanliebhaber erwarb das ehemalige Holländische Palais am Elbufer 1717 und beauftragte seine besten Architekten – Pöppelmann, Longuelune, Knöffel und de Bodt – mit dem Umbau zum repräsentativen Domizil für seine stetig wachsende Porzellansammlung (S. 45). Doch August starb vor dessen Fertigstellung und mit ihm das Projekt, das unvollendet blieb.

Das Palais Café im Innenhof des Japanischen Palais lädt zu einer entspannten Rast ein.

Die Grünanlage zwischen Japanischem Palais und Elbe lädt zur Rast im Schatten ein.

Nach der teilweisen Zerstörung im Zweiten Weltkrieg (S. 18) dauert die Rekonstruktion der Vierflügelanlage bis heute an. Auf der Elbseite befinden sich Reste eines Barockgartens. Die einst nach Nordwesten hin angrenzende Stadtbefestigung wurde Anfang des 19. Jhs. abgebrochen, ein erhalten gebliebener Teil des Walls in die Gestaltung eines Landschaftsgartens im englischen Stil einbezogen.

»Museum Usui Publico Patens«

Die Inschrift am Fries über der Vorhalle – »Museum zur öffentlichen Nutzung offenstehend« – kann als Leitgedanke des Hauses gelten. Heute präsentieren die Staatlichen Kunstsammlungen Dresden (S. 48) im Japanischen Palais unter thematischen Schwerpunkten sammlungs- und epocheübergreifende Ausstellungen. Außerdem sind hier die Senckenberg Naturhistorischen Sammlungen zu Hause.

Eine der Chinesenhermen im Innenhof

Das 1875 gegründete und seit 1957 hier ansässige Museum für Völkerkunde ist seit 2010 Teil der Staatlichen Kunstsammlungen. Seine Sammlung umfasst mehr als 100 000 Objekte aus unterschiedlichsten Regionen aller fünf Kontinente. Im Zuge der Auseinandersetzung mit der kolonialen Geschichte arbeitet das Museum an neuen Ausstellungsprojekten und Veranstaltungsformaten.

Nach dem Abschluss jahrelanger Restaurierungsarbeiten kann eines der wertvollsten Stücke des Museums besichtigt werden: Das in den 1990er-Jahren im Depot wiederentdeckte Dresdner Damaskuszimmer. Es besteht aus einer kunstvoll gearbeiteten Wand- und Deckenvertäfelung und gilt als eines der wenigen weltweit noch existierenden authentischen syrischen Interieurs vom Beginn des 19. Jhs.

Die Senckenberg Naturhistorischen Sammlungen sind ein Zusammenschluss des Museums für Mineralogie und Geologie und des Museums für Tierkunde, hervorgegangen aus den Kunst- und Naturalienkammern der sächsischen Herrscher. Mit 6,5 Mio. Objekten bilden die Sammlungen eines der größten Naturkundemuseen Deutschlands. Gezeigt werden wechselnde Ausstellungen aus den eigenen Beständen sowie Wanderausstellungen.

Im elbseitigen Garten des Japanischen Palais findet im Juli/August der Kultursommer (S. 194) statt, ein mehrwöchiges Kunst- und Kulturfestival mit Konzerten, Theater, Poetry und Familienveranstaltungen; der Eintritt ist frei.

Vom Palaisgarten elbaufwärts und vorbei am Glockenspielpavillon, der 1990 nach dem Original von 1936 wiedererrichtet worden ist, stoßen Sie nach rund 200 m am Elbuferweg unterhalb des Hotels Bellevue auf einen leeren Bilderrahmen auf einer stilisierten Staffelei. Die Installation umrahmt den berühmten »Canalettoblick«, den der Maler Bernardo Bellotto, genannt Canaletto, 1748 als »Dresden vom rechten Elbufer unterhalb der Augustusbrücke« auf Leinwand gebannt hatte (S. 21).

KLEINE PAUSE

Entspannen Sie sich bei hausgemachten Köstlichkeiten im **Palais Café** und zwischen Hochbeeten im Innenhof.

Palais Café: Palaisplatz 11, Mi.–So. 10–18 Uhr

✝ 202 A/B4   ✉ Palaisplatz 11
🚃 Straßenbahn 4, 9 Palaisplatz

SKD-Ausstellungen
☎ 0351 49 14 20 00 ⊕ www.skd.museum
🕐 Di–So 10–18 Uhr ✦ Eintritt ausstellungsabhängig, Damaskuszimmer Eintritt frei

Senckenberg Naturhistorische Sammlungen Dresden
🕐 Di–So 10–18 Uhr
☎ 0351 79 58 41 44 08
⊕ www.museumdresden.senckenberg. de ✦ ab 2 €; ausstellungsabhängig

⑳ Neustädter Markt & Hauptstraße

Warum?	Entspannt unter schattenspendenden Platanen bummeln
Was?	Läden und Werkstätten in den Kunsthandwerkerpassagen
Wie lange?	Mit Kaffeepause 2 Stunden
Wann?	Während der Ladenöffnungszeiten
Was noch?	Das Museum der Dresdner Romantik im »Kügelgenhaus«
Was nehme ich mit?	Den Duft vom barocken Kräutergarten hinter den Kunsthandwerkerpassagen

Mitten auf dem Neustädter Markt steht das bekannteste Denkmal Dresdens, der Goldene Reiter (S. 78). Das von dem Kanonenschmied Ludwig Wiedemann in Kupfer getriebene Reiterstandbild Augusts des Starken wurde vier Jahre nach dessen Tod aufgestellt. In Pose und Gewand eines römischen Kaisers reitet der Monarch in Richtung seines polnischen Königreichs. Der Platz am Neustädter Brückenkopf der Augustusbrücke (S. 66) entstand als Mittelpunkt der rechtselbischen Siedlung Altendresden und entwickelte sich zum Marktplatz der nun zu Dresden gehörenden Neustadt.

Von der 1945 zerstörten Bebauung wurde nur das Blockhaus, die frühere Neue Wache, 1979/1980 originalgetreu wiederhergestellt. Der ab 1732 nach Plänen von Zacharias Longuelune und Johann Christoph Knöffel errichtete Barockbau schließt den Platz zur Elbseite hin ab. Ab 2024 ist hier das Archiv der Avantgarden der Staatlichen Kunstsammlungen Dresden (S. 48) zuhause. In der Großen Meißner Straße blieb die Nr. 15 erhalten, ein barockes Bürgerhaus, das in den Neubau des Hotels Bellevue einbezogen wurde. In den 1970er-Jahren erfolgte die Neugestaltung des Neustädter Marktes mit Wohnhäusern, Restaurants, Grünflächen und Brunnen.

Straße der Romantik

Die beiden 1738–1742 von Benjamin Thomae geschaffenen Nymphenbrunnen am Neustädter Markt zierten einst die Fassade des Neustädter Rathauses. Zusammen mit zwei

bronzenen Fahnenmasten aus dem Jahr 1893 bilden sie den Auftakt zur Hauptstraße, der zum Albertplatz (S. 92) führenden Hauptachse der Inneren Neustadt. Mit ihren alten Platanen, den Skulpturen und Brunnen ist sie Dresdens lauschigster Boulevard. Auf seiner Westseite stehen sechs historische Bürgerhäuser. Im Kügelgenhaus residiert das Museum der Dresdner Romantik. Die Wohnung des Porträt- und Historienmalers Gerhard von Kügelgen war zu Beginn des 19. Jhs. Treffpunkt der Dresdner Romantiker um Caspar David Friedrich. Im Erdgeschoss der Häuserzeile befinden sich die Kunsthandwerkerpassagen (S. 99), dahinter steht das Societaetstheater (S.100), das erste bürgerliche Vereinstheater Deutschlands. Weiter in Richtung Albertplatz folgen links die Dreikönigskirche (S. 91) und rechts zwischen Ritter- und Metzer Straße die 1899 errichtete Neustädter Markthalle.

Die 1899 errichtete Neustädter Markthalle ist heute ein Einkaufszentrum.

KLEINE PAUSE

Relaxen Sie im Schatten der Platanen oder genießen Sie einen Cappuccino im **Emils 1900.**

Emils 1900: Hauptstr. 36, tägl. 8–20 Uhr

✛202 B/C3-5 🚋Straßenbahn 3, 6–8, 11 Albertplatz, 4, 8, 9 Neustädter Markt

Kügelgenhaus – Museum der Dresdner Romantik
✉Hauptstr. 13 ☎0351 8 04 47 60
🌐www.museen-dresden.de ⏰Mi–Fr 10–17, Sa, So 12–17 Uhr 💶4 €, Fr (außer feiertags) ab 12 Uhr frei

㉑ Königstraße

Mit Bürgerhäusern, Höfen, Galerien und Boutiquen ist die Königstraße das letzte noch erhaltene barocke Wohn- und Geschäftsquartier der Stadt.

Als August der Starke auf dem Gebiet des abgebrannten Altendresden seine Neue Königstadt errichten ließ, befahl er auch den Bau einer prächtigen Allee von der Mittelachse seines Porzellanschlosses, dem späteren Japanischen Palais (S. 85), bis zum Schwarzen Tor am heutigen Albertplatz (S. 92). Das Barockviertel rings um die Königstraße überstand den Zweiten Weltkrieg vergleichsweise unbeschadet, zu DDR-Zeiten verfiel die Bausubstanz jedoch. Erst die Wende brachte die Rettung für diesen schönsten Teil der Inneren Neustadt.

Die Gebäude im unteren Abschnitt der Königstraße wurden nach strengen Bauvorgaben mit einheitlicher Etagenhöhe und -anzahl errichtet. Fast alle bis hinauf zur Nr. 15, dem Dresdner Kulturrathaus, besitzen restaurierte oder neu gestaltete Innenhöfe.

Dresdens charmante Nobelmeile

Durch die Passage Königstraße gelangt man zur Rähnitzgasse. In dem prächtigen, 1730 errichteten Barockbau mit der Nr. 19 befindet sich das Hotel Bülow Residenz (S.168). Ein paar Meter weiter hat das Kunsthaus Dresden, die Städtische Galerie für Gegenwartskunst, sein Domizil. In entgegengesetzter Richtung endet die Rähnitzgasse an der barocken, 1732 bis 1739 nach Plänen Pöppelmanns errichteten Dreikönigskirche. Noch zu DDR-Zeiten erfolgte der Umbau des 1945 ausgebrannten Gotteshauses zum »Haus der Kirche« mit Veranstaltungs- und Begegnungsräumen (Eingang Hauptstraße). Im verkleinerten Kirchenraum sind der vom Krieg gezeichnete Barockaltar von Benjamin Thomae und das unter der Orgelempore angebrachte Renaissancerelief Dresdner Totentanz bemerkenswert. Der Rundumblick von dem erst Mitte des 19. Jhs. errichteten Turm lohnt den Aufstieg. Der Rebeccabrunnen auf dem Platz vor der Turmseite wurde 1864 errichtet.

Kurz vor dem Albertplatz steht das 1914 eingeweihte Schiller-Denkmal von Selmar Werner.

Blick in die Rähnitzgasse, überragt von der Dreikönigskirche

KLEINE PAUSE

Wechselnde Tagesgerichte mit frischer Pasta gibt es in der **Pastamanufaktur** (S. 98).

✛ 202 B/C4/5 🚋 Straßenbahn 4, 9 Palaisplatz, 3, 6–8, 11 Albertplatz

Dreikönigskirche
✉ Hauptstr. 23 ☎ 0351 8124-0 & 8 12 41 02 (Tickets)
⊕ www.hdk-dkk.de

⏱ Mo–Fr 10–18 Uhr, So nur Gottesdienst, Turmaufstieg: Eingang D, ⏱ Sommerzeit i.d.R. Mi–So 12–16 Uhr, Winterzeit variierend
💶 5 €

Kunsthaus Dresden – Städt. Galerie für Gegenwartskunst
✉ Rähnitzgasse 8
☎ 0351 4 88 89 71;
⊕ http://kunsthaus dresden.de ⏱ Di–Do 14–19, Fr–So 11–19 Uhr
💶 4 €, Fr Eintritt frei

ⓘ

㉒ Albertplatz

Warum?	Start für einen Neustadt-Bummel
Was?	Das Erich Kästner Museum
Wie lange?	30 Minuten, mit Museum 1–2 Stunden
Wann?	Immer
Was noch?	Ein Selfie mit der Bronzefigur Kästners als »kleiner Junge« auf der Mauer des Museums
Was nehme ich mit?	Eine Dresden-Grafik von art+form

Das Erich Kästner Museum ist als begehbare Schatzkiste konzipiert, in der gestöbert werden darf.

Die wichtigsten Straßen des Stadtteils laufen am Albertplatz sternförmig zusammen. Die Mitte des Platzes zieren zwei stattliche Brunnen von Robert Dietz. Auf seiner Ostseite liegt die neobarocke Villa Eschebach. Der Artesische Brunnen mit seinem Rundtempel von Hans Erlwein (S. 23) wird aus einer 180 Jahre alten Brunnenanlage auf der anderen Straßenseite gespeist. Hier steht Dresdens erstes Hochhaus, ein Stahlbeton-Skelettbau (1929) von Hermann Paulick. Direkt gegenüber widmet sich das Erich Kästner Museum in

der Villa Augustin dem 1899 in der Königsbrücker Straße 66 geborenen Schriftsteller mit einem »interaktiven micromuseum«. Die Ladengalerie art+form in der abgehenden Bautzner Straße (S. 99) führt Kunst sowie geschmackvolle Geschenkartikel.

KLEINE PAUSE
New York Cheesecake und ein Flat White im **Café Oswaldz** (Bautzner Str. 9, tägl. 9-18 Uhr).

✚ 202 C5
🚃 Straßenbahn 3, 6–8, 11 Albertplatz

Erich Kästner Museum
✉ Antonstr. 1 ☎ 0351 8 04 50 86;
🌐 www.kaestnerhaus-literatur.de
🕐 So, Mo, Do, Fr 10-17, Mi 12.30-17 Uhr
🎫 6 €

Ladengalerie art+form
✉ Bautzner Straße 11
☎ 0351 8 03 13 22
🕐 Mo-Fr 10-19, Sa 10-18 Uhr

Eine Lightshow der besonderen Art

Unvergleichlich ist der Blick von der Carolabrücke auf die Altstadt vor allem dann, wenn die untergehende Sonne die historische Architektur von der Brühlschen Terrasse über Frauenkirche, Schloss und Semperoper bis hin zur buntgläsernen Kuppel der Yenidze in ihr goldenes Licht taucht. In der Dunkelheit verwandelt sich das Panorama in eine funkelnde Traumkulisse, die sich im Wasser der Elbe spiegelt.

Eine herrliche Aussicht bietet sich auch von den Treppen unterhalb des Finanzministeriums, im Sommer Standort der »Filmnächte am Elbufer«.

Nach Lust und Laune!

23 Jägerhof · Museum für Sächsische Volkskunst

Ab 1568 ließ Kurfürst August auf dem Gelände eines aufgegebenen Augustinerklosters eine Jägerei errichten. Nach dem Abriss von Teilen der Anlage im 19. Jh. blieb nur der Westflügel mit seinem Renaissancegiebel und den drei Treppentürmen erhalten. Der Volkskundler und Professor an der Königlichen Kunstgewerbeschule Dresden Oskar Seyffert bewahrte das älteste Bauwerk der Neustadt, indem er hier 1913 das Museum für Sächsische Volkskunst einrichtete.

Inzwischen Teil der Staatlichen Kunstsammlungen Dresden (S. 48), zeigt das Museum auf drei Etagen Volkskunst aus den Regionen Sachsens: Bauernmöbel, Korbwaren, Keramik, Blaudrucke und sorbische Trachten aus der Lausitz, Klöppelspitzen aus dem Vogtland sowie Holzspielzeug und Weihnachtsschmuck aus dem Erzgebirge.

Für Kinder gibt es einen parallelen Rundgang, der in die Dauerausstellung intergriert ist. Highlights sind immer wieder die alljährlichen Oster- und Weihnachtsausstellungen.

> ✛ 202 C3 ✉ Köpckestr. 1
> ☎ 0351 49 14 20 00 (Besucherservice)
> ⊕ www.skd.museum ◑ Di–So 10–18
> Uhr ⛟ Straßenbahn 3, 7, 8 Carolaplatz, 4, 8, 9 Neustädter Markt ✦ 5 €

24 Militärhistorisches Museum der Bundeswehr

Das Museum im ehemaligen Arsenal der sächsischen Armee (S. 28) wurde durch einen Keil aus Metall-Lamellen und Glas erweitert, entworfen von Architekt Daniel Libeskind. Neben der militärhistorischen Ausstellung bildet dieser Gebäudeteil das Herzstück des Museums mit Installationen zu Fragestellungen wie »Leiden am Krieg«, »Politik und Gewalt«, »Tiere und Militär«, »Schutz und Zerstörung«.

> ✛ 197 D4/5 ✉ Olbrichtplatz 2
> ☎ 0351 8 23 28 50 ⊕ www.mhmbw.de
> ◑ Di, Do–So 10–18, Mo 10–21 Uhr ✦ 5 €,
> mit Sonderausstellung 7 € ⛟ Straßenbahn 7, 8, Bus 64 Stauffenbergallee

25 Kraszewski-Museum

Józef Ignacy Kraszewski, einer der bedeutendsten polnischen Intellektuellen des 19. Jhs., musste Warschau als Gegner der Zarenherrschaft 1863 verlassen und lebte 20 Jahre im Exil in Dresden. Hier schrieb er u. a. seine »Sachsentrilogie«: die Romane »Gräfin Cosel«, »Brühl« und »Aus dem Siebenjährigen Krieg«. Das binationale Museum in der Sommerresidenz des Schriftstellers ist Leben und Werk Kraszewskis gewidmet.

> ✛ 197 E3 ✉ Nordstr. 28
> ☎ 0351 8 04 44 50 ⊕ www.museen-dresden.de ◑ Mi–So 12–17 Uhr ⛟ Straßenbahn 13 Alaunplatz, 11 Nordstraße
> ✦ 4 €, Fr ab 12 Uhr frei

26 Rosengarten

Nach einer Idee Augusts des Starken zur Schaffung einer repräsentativen Uferpromenade wurde von 1933 bis 1938 eine umfassende Neugestaltung des Königsufers von der Marienbrücke elbaufwärts bis zum Waldschlösschen vorgenommen. Als Teil des Gesamtplans von Stadtbaudirektor Paul Wolf entstand parallel zur Elbe der rund 3 ha große Rosengarten. Derzeit kann man hier, ergänzt von unterschiedlichsten Gehölzen, etwa 100 Rosensorten und -arten bewundern, darunter Züchtungen aus den 1930er-Jahren und der DDR-Zeit mit Namen wie »Elbegold«, »Magnet« oder »Rakete«.

✚197 D2 ✉Carusufer ⊕www.rosen garten-dresden.de ⊞Straßenbahn 6, 13 Rosa-Luxemburg-Platz

27 Sächsische Staatskanzlei

Das zwischen Carola- und Albertbrücke gelegene monumentale Bauwerk entstand 1900–1904 als Gesamtministerium des Königreichs Sachsen unter Edmund Waldow und Heinrich Tscharmann in neobarocker Formensprache. Heute beherbergt das Gebäude mit der vergoldeten Krone auf dem Hauptturm die Staatskanzlei. An der Uferpromenade steht die Figur des Bogenschützen, der Zweitguss einer 1895 von Ernst Moritz Geyger für den Park von Sanssouci geschaffenen Plastik. Oberhalb davon lädt eine hübsche Grünanlage zum Verweilen ein.

✚202 C3 ✉Archivstr. 1 ⊞Straßenbahn 3, 7, 8 Carolaplatz

28 Finanzministerium

Das Ministerialgebäude am Neustädter Elbufer gegenüber der Brühlschen Terrasse (S. 62) wurde 1890 bis 1896 vom Semperschüler Otto Wanckel im Neorenaissancestil errichtet. Anton Dietrich schuf 1896 das 50 m² große Giebelbild aus leuchtenden Majolikafliesen. Es zeigt die in den Landesfarben gekleidete Saxonia, umgeben von Gestalten, die Einnahmen und Ausgaben des Staates symbolisieren. Von der elbseitigen Treppenanlage hat man einen wunderbaren Blick auf das Altstadtpanorama von der Neuen Synagoge (S. 67) bis zur Kuppel der Yenidze (S. 175). Die Treppen bilden im Sommer die Zuschauertribüne für die Filmnächte am Elbufer mit zwei Monaten voller Filme, Konzerte und Partys.

✚202 C3 ✉Carolaplatz 1/Königsufer ⊞Straßenbahn 3, 7, 8 Carolaplatz

Museum für Sächsische Volkskunst

Wohin zum …
Essen und Trinken?

**Preise für ein Hauptgericht
(ohne Getränke)**

€	unter 15 €
€€	15–25 €
€€€	über 25 €

Bautzner Tor €
Eine der letzten fast original erhaltenen Kneipen der Neustadt. Hier trifft man sich zum Bier, zu Nudeln mit Wurstgulasch à la »POS« (also wie einst in der Schule) oder zum BT-Klassiker »Smazený sýr, tatarská omácka« – gebackenem Gouda nach tschechischer Art mit Tatarsoße.
✛ 197 D2 ✉ Hoyerswerdaer Str. 37
☎ 0351 8 03 82 02 ⊕ www.bautznertor.de
🕐 tägl. ab 17 Uhr 🚋 Straßenbahn 6, 11, 13 Bautzner/Rothenburger Straße

Blumenau €–€€
Frühstückstempel, Tagesbar, Magnet für Nachtschwärmer: Die Cafébar gehört zu den Lieblingsplätzen der Neustädter. Beim Matcha Latte wird der neueste Szenetratsch verbreitet oder die nächste Party geplant. Im Sommer sitzt man draußen an den Tischen auf dem Gehweg. Wöchentlich wechselnde Speisenauswahl und reichhaltige Frühstückskarte.

✛ 197 D3 ✉ Louisenstr. 67
☎ 0351 8 02 65 02 ⊕ www.café-blumenau.de
🕐 Tägl. ab 9 Uhr
🚋 Straßenbahn 13 Görlitzer Straße

Böhme €€
Benannt wurde das Lokal an der Görlitzer Straße nach dem Görlitzer Mystiker Jakob Böhme (1575–1624). Die Einrichtung entführt mit Spitzendeckchen und einem Sammelsurium an betagten Möbeln in die »gute alte Zeit«; die Küche ist dagegen ganz heutig. Auf der Tageskarte finden sich viele einheimische Gerichte, die das Küchenteam unbeschwert-fantasievoll variiert. »Lieber lecker und von hier« lautet das Motto.
✛ 197 D3 ✉ Sebnitzer Str. 11
☎ 0162 426 39 09 ⊕ www.facebook.com/Boehme.Dresden 🕐 Di–Sa ab 18 Uhr
🚋 Straßenbahn 13 Alaunplatz

Café Neustadt €
Das Café am Rande der Äußeren Neustadt liegt direkt an der belebten Bautzner Straße und nur einen Katzensprung entfernt vom Touri-Hotspot Pfunds Molkerei. Trotzdem trifft man hier mehr Einheimische als Touristen – zum ausgiebigen Frühstück, einem entspannten Lunch oder zum Kaffeeplausch mit Freundinnen.
✛ 197 D2 ✉ Bautzner Str. 63
☎ 0351 8 99 66 49 ⊕ www.caneu.de 🕐 Mo–Fr 8-15 Uhr 🚋 Straßenbahn 11 Pulsnitzer Straße

Caroussel Nouvelle €€€
Im Jahr 2021 fusionierte das Fine-Dining-Restaurant »Carousel« unter neuem Namen mit dem hauseigenen Bistro. Chefkoch Sven Vogel vereint Haute Cuisine mit der Lässigkeit der Bistroküche und präsentiert regionale sowie internationale Spezialitäten.
✛ 202 B4 ✉ Königstr. 14 ☎ 0351 8 00 31 40
⊕ www.buelow-palais.de 🕐 tägl. 12–14, 18–22 Uhr 🚋 Straßenbahn 4, 9 Palaisplatz; 3, 6–8, 11 Albertplatz

Elbsalon €–€€
Der gar nicht an der Elbe, sondern in der quirligen Neustadt gelegene »Salon« punktet mit Loft-Ambiente und urbanem Flair. Man bestellt am Tresen: Frühstück von French Toast bis Porridge, Sandwiches und Bagels, Pasta und Bowls, dazu Smoothies und Limonaden. Zum Flat White gibt's Bownies und leckeren Kuchen.

✝197 D3 ☎⑤ ✉Königsbrücker Straße 74
☎035187 44 44 00 ⊕www.elbsalon.com
❶Tägl. 8–18 Uhr
🚋Straßenbahn 7, 8, 13 Bischofsweg

Elbsegler €

Schiff ahoi! Mit Holzplanken und Reling,
Masten und Segel liegt der Biergarten wie
eine Yacht in den Elbwiesen unterhalb von
Augustusbrücke und Hotel Bellevue. Hier
trifft man sich zu nachmittäglichem Kaffee
und Kuchen, aber auch zu herzhafter Kost
und Radeberger Pilsner am Abend. Den
Altstadtpanoramablick gibt es inklusive
dazu.
✝202 B3 ✉Große Meißner Straße 15
(Bilderberg Bellevue Hotel) ☎035180 50
⊕www.bilderberg-bellevue-dresden.de
❶April–Sept. Fr, Sa ab 15 Uhr
🚋Straßenbahn 4, 8, 9 Neustädter Markt

Elements DELI & Restaurant €€€

In einem früheren Fabrikareal liegt eines der
zwei Dresdner Sternerestaurants. Chef de
Cuisine Stephan Mießner offeriert gehobene und moderne internationale Küche. Zum
Lunch trifft man sich im DELI. Wer den Tag
bei einem Absacker und blauem Dunst ausklingen lassen will, raucht die Zigarre danach
nebenan in der Lounge.
✝197 D5 ✉Königsbrücker Str. 96, Haus 25-
26 ☎035127 21 69 6 ⊕www.restaurant
-elements.de ❶Deli & Lounge Di–Sa
12–23, Restaurant Mi–Sa 12–22 Uhr
🚋Straßenbahnen 7, 8 Heeresbäckerei

Fischhaus €€

Mit seiner über 400-jährigen Geschichte
gehört das historische Gasthaus am Rande
der Dresdner Heide zu den ältesten der
Stadt. Man sitzt in gemütlichen Gaststuben
oder im schönen Garten. Der (historische)
Name täuscht: Ein Fischrestaurant ist das
nicht, auch wenn neben deftig Fleischigem
und Vegetarischem einige Spezialitäten aus
Meer, Fluss und Teich auf der vielfältigen
Speisekarte stehen.
✝200 nördl. C5 ✉Fischhausstr. 14
☎035189 91 00 ⊕www.historisches-
fischhaus.de ❶Di–So ab 11.30 Uhr
🚋Straßenbahn 11 Angelikastraße

Hofcafé €

In dem gemütlichen kleinen Kaffeehaus mit
seinen Terrassenplätzen im Hof des Lichts in
der Neustädter Kunsthofpassage gibt es
selbst gebackenen Kuchen.
✝197 D3 ✉Hof des Lichts, Görlitzer Str. 25
❶Tägl. 11–18 Uhr 🚋Straßenbahn 13 Alaunplatz

Lila Soße €–€€

Das Lokal in der Kunsthofpassage serviert
junge deutsche Küche, darunter Kreationen
im Weckgläschen (kalt oder warm, herzhaft
oder süß, bei größerem Hunger 2-3 bestel-
len) und Tagesgerichte zwischen Fisch,
Fleisch und Veggie ganz traditionell auf dem
Teller.
✝197 D3 ✉Alaunstr. 70 ☎035180 36 7 23
⊕www.lilasosse.de ❶Mo–Fr ab 16 Uhr,
Sa, So ab 12 Uhr 🚋Straßenbahn 13
Alaunplatz

Lloyd's Café & Bar €€

Charmantes Lokal am schönsten Platz der
Neustadt. Ausgesprochen umfangreiches
und vielfältiges Angebot, von Frühstück über
Snacks bis Hauptgerichte, Desserts und Kuchen. Von 14-22 Uhr gibt's »Afternoon Tea«
mit Scones, Sandwiches und Teegebäck.
Freundlicher Service durch Menschen der
Behindertenhilfe Dresden.
✝202 197 D2 ✉Martin-Luther-Str. 17 ☎0351
5 01 87 74 ⊕www.lloyds-cafe-bar.de ❶Mo–Fr
8–24, Sa 9–24, So 9–19 Uhr 🚋Straßenbahn 11
Pulsnitzer Straße

Die Pastamanufaktur €

Hier gibt es täglich frische, hausgemachte
Pasta im Schatten der Dreikönigskirche,
außerdem wechselnde Mittagsgerichte zu
kleinen Preisen, dazu leckere Desserts. Fr/
Sa ist Maultaschentag. Zum Espresso geht's
nach nebenan ins dazugehörige Café.
✝202 C4 ✉An der Dreikönigskirche 3 und
Karl-Liebknecht-Str. 56 ☎0351 3 23 77 99
⊕www.diepastamanufaktur.de
❶Mo-Sa 12-21.30 Uhr 🚋Straßenbahn 4, 8, 9
Neustädter Markt; 3, 6–8, 11 Albertplatz

Planwirtschaft €€

Keine Angst: In der gleich nach der Wende
eröffneten Szenekneipe wird nicht nach

dem Fünfjahresplan gekocht. Dafür mit frischem Fleisch und Gemüse von Erzeugern aus der Region. Neben Soljanka, Schweineschnitzel und Saiblingsfilet gibt es eine Extra-Veggie-Karte.

✣197 D3 ✉Louisenstr. 20
☎03518 01 31 87 ⊕www.planwirtschaft
-dresden.de ❶Di–Sa ab 17 Uhr 🚋Straßenbahn 7, 8 Louisenstraße

Raskolnikoff €–€€
Restaurant in einem der ältesten Häuser der Neustadt, besonders begehrt sind die Plätze im lauschigen Hof. Klassiker wie Borschtsch, Pelmeni oder Brotsalat in verschiedenen Varianten werden durch Tagesangebote auf der Kreidetafel ergänzt. Die Bar öffnet um 18 Uhr.

✣197 D3 ✉Böhmische Str. 34
☎03518 04 57 06 ⊕www.raskolnikoff.de
❶Mo, Di ab 17, Mi–Sa ab 12 Uhr 🚋Straßenbahn 6, 11, 13 Bautzner/Rothenburger Straße

Scheunecafé (im Exil) €
Das Café im Kulturzentrum Scheune ist eine der ältesten Szenekneipen Dresdens. Für die Zeit des Scheune-Umbaus hat sich die Neustadt-Institution ein Übergangsquartier gesucht. Gekocht wird wie gewohnt ausschließlich vegetarisch, international, mit starkem indischem Einschlag. Sa und So Frühstück von 9–14 Uhr.

✣197 D3 ✉Görlitzer Str. 20
☎03518 02 66 19 ⊕www.scheunecafe.de
❶Di–Fr ab 17, Sa, So ab 9 Uhr
🚋Straßenbahn 13 Alaunplatz

Speisewerk €–€€
Das hübsche Tagesbistro hat alles für den kleinen Hunger zwischendurch: Baguettes, Suppen und Salate, vor allem aber ein täglich wechselndes Mittagsangebot. Alle Speisen auch zum Mitnehmen.

✣197 D2 ✉Bautzner Str. 71
☎035133 94 89 25 ⊕www.speisewerk.com
❶Mo–Fr 11–16 Uhr 🚋Straßenbahn 11 Pulsnitzer Straße

Sura €€
Etwas zurückgesetzt von der lauten Königsbrücker Straße und in einfachem familiärem Ambiente bietet dieses Restaurant köstliche koreanische Speisen – frisch nach originalen Rezepten zubereitet und wunderbar angerichtet. Mittagsangebote gibt's in der Lunchbox: In diese kommt ein Hauptgericht, Suppe, zwei frittierte Mandus und Beilagen.

✣196 C3 ✉Königsbrücker Str. 50
☎03518107 47 89 ⊕www.restaurant
-sura-dresden.de ❶tägl. 12–15, 17–22 Uhr
🚋Straßenbahn 7, 8 Louisenstraße

tanteleuk €
Zu Americano oder French Press gibt es Torten und Kuchen aus Eigenproduktion in immer wieder neuen leckeren Varianten, viele davon vegan. Außerdem Quiches und Bagels. Ein echtes Café-Kleinod!

✣197 D3 ✉Louisenstr. 24
☎0351 40 75 45 62 ⊕https://tanteleuk.de
❶So–Do 10–18, Fr, Sa 10–19 Uhr
🚋Straßenbahn 7, 8 Louisenstraße, 13 Görlitzer Straße

Vegan House €
Der Name ist Programm, die Deko weist die Himmelsrichtung. Das geschmackvoll eingerichtete Restaurant überzeugt mit veganer ostasiatischer Küche – mit »20 Bowls of Happiness«, gefüllt mit Summer Rolls, Crispy Wantan, Tofu Sticks und vielem mehr. Bei großem Hunger ordert man eine Big Bowl mit allerlei Köstlichkeiten..

✣197 D3 ✉Alaunstr. 83
☎0351 81 04 21 13
⊕www.veganhouse-dresden.de
❶Mo–Do 12-15, 17–22, Fr–So 12–22 Uhr
🚋Straßenbahn 13 Alaunplatz

Wenzel Prager Bierstuben €€
Knoblauchsuppe, gefolgt von Svičková (Böhmischer Sahnerinderbraten mit Preiselbeergelee) und Buchteln mit Vanillesoße: Hier ist die bodenständig-deftige böhmisch-tschechische Küche zu Hause. Da darf das legendäre Staropramen-Bier nicht fehlen.

✣202 B4 ✉Königstr. 1
☎0351 8 04 20 10 ⊕www.wenzel-bierstuben.
de ❶So–Do 11.30-22, Fr, Sa 11.30-23 Uhr
🚋Straßenbahn 4, 9 Palaisplatz

Wohin zum ... Einkaufen?

Im Neustädter Barockviertel (S. 73) verbinden sich Geschichte und Gegenwart Dresdens in einem der schönsten Wohn- und Geschäftsviertel der Stadt. Bei einer Shoppingtour durch die Innere und die Äußere Neustadt findet man noble Boutiquen, Mode- und Schmuckdesigner, flippige Secondhandshops, Galerien und Antiquitätengeschäfte, Läden mit Kunsthandwerk, Schmuck und allerlei Schönem.

GALERIEN

Viele der rund 50 Galerien Dresdens befinden sich in der Neustadt. Infos findet man in dem kostenlos in den Galerien ausliegenden Heft »Dresden Contemporary Art« (sowie online unter https://dresdencontemporary art.com).

Der Hotspot für Kunstgalerien ist die Innere Neustadt: Die Galerie Finckenstein (Obergraben 8a) päsentiert Kunst der klassischen Moderne der 1920er- und 1930er-Jahre. Die Galerie Himmel (Obergraben 8), die Galerie Flox (Obergraben 10), die Galerie Ines Schulz (Obergraben 21), die Galerie Holger John (Rähnitzgasse 17), die Galerie Ursula Walter (Neustädter Markt 10) und die Galerie Gebr. Lehmann (Neustädter Markt 11/12) haben zeitgenössische Künstler im Programm.

In der Galerie Drei – Dresdner Sezession 89 (Prießnitzstr. 43) stellen Künstlerinnen ihre Arbeiten aus: Malerei, Grafik, Skulptur, Installation, Fotografie. Das Urgestein unter den Dresdner Galerien ist die 1924 gegründete Kunstaustellung Kühl (Nordstr. 5), die sich seit Anbeginn der modernen Kunst widmet.

ÄUSSERE NEUSTADT

Vor allem zwischen Alaun- und Rothenburger Straße, Louisenstraße und Görlitzer Straße gibt es jede Menge Läden zum Stöbern.

Trendige Klamotten haben Lindegruen & Xanadu (Alaunstr. 18, Katharinenstr. 23) sowie Peccato (Rothenburger Str. 46). Wer den Retro-Style liebt, wird im Second-

handladen ChicSaal (Böhmische Str. 4) fündig. Ein Paradies für Rockabilly-Fans ist der Vintage Spirit Store Lady Yule (Alaunstr. 70). Hochwertiges Schuhwerk von sportlich bis elegant bringt Calzador an die Kundschaft (Rothenburger Str. 32). Moderne oft nachhaltig und fair produzierte Mode gibt's bei Mjuuk (Böhmische Str. 10a), Doppellotte (Rothenburger Str. 36) und Unipolar. Die Ladengalerie Tendresse (Rothenburger Str. 44) überzeugt mit romantischen Kollektionen aus natürlichen Stoffen und hübschen Accessoires. Den passenden Hut finden Sie im Sortiment der Kostümbildnerin Jacqueline Peevski im Japée (Bautzner Str. 6).

In der Keramikwerkstatt Katarina Gnauck (Rothenburger Str. 38) entstehen Gefäße mit Krönchen-Dekor. Französische Gläser und Karaffen sowie italienische und japanische Tableware sind die Spezialität von Morgenland (Görlitzer Str. 17). Mit schönen Wohnaccessoires im Vintage-Look sowie antiken Möbeln und Lampen verzaubert Eyecatcher (Rothenburger Str. 11). Die Ladengalerie art+ form (Bautzner Str. 11) hat Kunst und allerlei hübschen geschenketauglichen Schnickschnack im Angebot.

Das ZentralOhrgan (Louisenstr. 22) ist Dresdens dienstältester Szene-Plattenladen.

In Pfunds Molkerei (Bautzner Str. 79) kaufen vor allem Touristen ein: Käse, sächsischen Wein, Schokolade, Milchseife, Nippes.

HAUPTSTRASSE

Die rekonstruierten Bürgerhäuser der Hauptstraße 9–19 beherbergen die Kunsthandwerkerpassagen mit Geschäften und Schauwerkstätten: Schmuck aus edlen Materialien und in kreativen Formen produziert die Goldschmiedewerkstatt Barbara Oehlke. In der Lederwerkstatt kann man einer Täschnerin und Diplomdesignerin über die Schulter schauen. Alles für ein behagliches Zuhause: Das Fachgeschäft für Plauener Spitze präsentiert klassische und zeitgemäße Dessins verschiedener Stickereifirmen aus dem Vogtland. Meissener Porzellan, Schmuck, Glas, Silberwaren und altes Leinen gibt es bei Antiquitäten am Goldenen Reiter.

KÖNIGSTRASSE

In der Königstraße sowie in den angrenzenden Gassen und Passagen finden Sie hübsche Mode-, Schmuck- und Designboutiquen sowie Galerien.

Leliveld-Schuhe (Königstr. 12) offeriert Schuhe von Topdesignern für Sie und Ihn sowie edle Taschen. Bei 23 – Clothing for Men and Women (Königstr. 4/Obergraben 21) kann Mann und Frau sich klassisch-cool oder ausgefallen-schick einkleiden, im Second Season (Hauptstr. 5a) stöbern Sie nach preiswerten Edelklamotten von Armani, Escada & Co aus zweiter Hand. Mit Mit Lille Danmark (Obergraben 6) haben lässig-verspielte Mode aus Dänemark bzw. Skandinavien und dazu passende Accessoires in Dresden Einzug gehalten. Wohlfühlbekleidung und Accessoires für Damen und Kinder jeden Alters offeriert Apfel & Bäckchen (Königstr. 8). Vor Ort handgearbeiteten Schmuck finden Sie in der Goldschmiede Shirley Hoffmann (Königstr. 11) und im Werkstattladen Atelier für Einzelstücke (Obergraben 15) von Sandra Coym. Vor allem moderne Wohnaccessoires gibt es bei Antik & Design (Königstr. 6), Antikes von Barock bis Jugendstil bei Kunst und Antiquitäten Joachim Noack (Königstr. 5).

KUNSTHOFPASSAGE

Die fantasievoll gestalteten Höfe zwischen der Alaunstraße 70 und der Görlitzer Straße 21–25 fehlen bei keiner Führung durch die Neustadt. Mit seinen hübschen Läden ist der Kunsthof zudem eine prima Adresse für einen gemütlichen Einkaufsbummel jenseits der Alltagshektik. Jeder der fünf Höfe hat ein eigenes Gestaltungsthema und einen eigenen Namen.

Ausgefallene Klamotten gibt es bei Mrs. Hippie, elegante Roben in der Boutique Silhouette samt Maßatelier. Die beiden Schmuckkünstlerinnen von Ultramaringelb verarbeiten Silber, Gold und andere Materialien zu kunstvollen Unikaten.

Im Feng Shui Haus können Sie Wohnaccessoires, Schmuck, Mineralien und Seifen für viel gute Energie einkaufen.

Wohin zum … Ausgehen?

Der attraktivste Teil des Dresdner Nachtlebens spielt sich im Szene- und Kneipenviertel der Äußeren Neustadt ab. In diesem Areal hat sich eine ganz eigene Lebenskultur entwickelt. Bars, Restaurants und Clubs reihen sich entlang der Alaun- und Louisenstraße sowie Görlitzer und Rothenburger Straße aneinander. Wer keine Lust auf Party hat, geht ins Theater oder Kino.

THEATER

Das Kleine Haus (Glacisstraße 28, Vorverkauf Mo–Fr 14–18.30 Uhr, Tel. 0351 4 91 35 55, www.staatsschauspiel-dresden.de), des Dresdner Staatsschauspiels, war in seiner Geschichte schon Kneipe, Ballsaal und Kirche. Am 10. Juli 1945 fand hier die erste Nachkriegsaufführung des Staatstheaters Dresden statt. Heute hat das Haus Sprechtheater, Werkstattaufführungen, szenische Lesungen sowie Gastspiele im Programm. Außerdem ist hier auch die Bürger:Bühne zuhause: Dresdner jeden Alters erobern die Bretter, die die Welt bedeuten.

Im Societaetstheater (An der Dreikönigskirche 1a, Tel. 0351 8 03 68 10, www.socie taetstheater.de), 1779 das erste deutsche bürgerliche Vereinstheater, geben heute zwei reguläre Bühnen und eine Gartenbühne im Sommer Raum für Gastspiele mit zeitgenössischen Stücken und Konzerten. Anfang September: The Sound of Bronkow Music Festival mit Folk, Singer-Songwriter Music und Americana.

Ein Haus für die Off-Theaterszene und »Kulturschutzgebiet« ist das projekttheater (Louisenstraße 47, Tel. 0351 8 10 76 00, www.projekttheater.de).

Das Carte Blanche (Prießnitzstr. 10, Tel. 0351 20 47 20, www.carte-blanche-dresden.de) bietet eine ganz besondere Travestieshow.

Die Theaterruine St. Pauli wird von April bis September durch ein Ensemble aus Laien und Profis mit Klassikern und modernen Stücken bespielt (Königsbrücker Platz, Tel. 0351 2 72 14 44, www.pauliruine.de).

CLUBS UND DISCOS

Das Herz der Äußeren Neustadt ist das Kulturzentrum Scheune, in dem Rock, Hip Hop, Elektronica und Poetry zuhause sind. Der Traditionsklub wird seit 2021 umgebaut, Veranstaltungen finden bis zum Abschluss der Arbeiten in Ausweichquartieren und im Pop-Up-Klub »Blechschloss« auf dem großen Vorplatz statt (Alaunstr. 36/40, Tel. 0351 32 35 56 40, www.scheune.org).

Nebenan befindet sich Katy's Garage (Alaunstr. 48, Tel. 0351 6 56 77 01, www.katysgarage.de). Hier gibt es u. a. Rock Friday und »Älternabend«, Sommer-Biergarten und Wintergarten.

In Dresdens Szene- und Kneipenviertel

Im Blue Note (Görlitzer Str. 2b, Tel. 0351 8 01 42 75, www.jazzdepartment.com) finden fast täglich Konzerte statt, meist Rock, Blues und Jazz. Der Indieclub Ostpol im rustikalen DDR-Retro-Look lädt zu Konzerten mit Rock, Pop, Folk und improvisierter Musik sowie Partys (Königsbrücker Str. 47, www.ost-pol.de). In der »Chemo«, der Chemiefabrik (Petrikirchstr. 5, www.chemiefabrik), gibt es Punk, Metal und Hardcore.

Disco-Beats toben freitags und samstags im Downtown (Katharinenstraße 11–13, Tel. 0351 8 11 55 92, www.downtown-dresden.de). Eine Etage höher wartet die frisch generalüberholte Groove Station (Katharinenstraße 11–13, Tel. 0351 8 02 95 94, www.groovestation.de) mit Rock, Soul, Hip Hop, Poetry Slam und Partys auf.

Unterschiedlichste Clubs in einem nördlich der Äußeren Neustadt gelegenen alten Fabrikareal ziehen jedes Wochenende Tausende an, insbesondere die Fans von House, Reggae, Dark Wave, Rock und Partys.

Konzerte und Partys gibt es im Bunker und in der Reithalle in der Straße E (www.strasse-e.de), die aus zwei denkmalgeschützten, gründerzeitlichen Klinkerbauten besteht).

BARS

First-Class-Cocktails werden in Frank's Bar (Alaunstr. 80, Tel. 0351 65 88 83 80, Di–Sa ab 18 Uhr, franksbar.de) serviert.

Gleich nebenan trifft sich in der Boys Bar Dresdens Gay Community regelmäßig zu Partys und Themenabenden (Alaunstr. 80, Tel. 0351 5 63 36 30, www.boys-dresden.de, Fr, Sa 20–3, sonst bis 1 Uhr).

In der Bar Holda – mehr Kneipe als Bar – wird bei Lößnitz Pils und Gin Tonic die Weltlage erörtert. Es darf geraucht werden (Martin-Luther-Platz 4, tägl. Mo–Fr ab 17, Sa, So ab 18 Uhr).

Mit einem Hauch karibischem Flair und Schummerlicht geht das Pinta (Louisenstraße 49, Tel. 0351 8 10 67 61, www.pinta-cocktailbar.de, Di–Sa ab 19 Uhr) ins Rennen. Die stilvoll-kuschelige Herz american bar (Wallgäßchen 4, Tel. 0351 85 09 61 08, www.herz.bar, Di–So ab 18 Uhr) in der Inneren Neustadt ist zwar klein, aber ein Highlight der Bar-Szene.

KINOS

Die Schauburg (Königsbrücker Straße 55, Tel. 0351 8 03 21 85, www.schauburg-dresden.de) ist Dresdens ältestes und beliebtestes Kino. In fünf Sälen werden anspruchsvolle Kinokost, Konzerte und Comedy geboten. Das Thalia (mit Bistro, Görlitzer Str. 6, Tel. 0351 6 52 47 03, www.thalia-dresden.de) zeigt Filme im Original mit Untertiteln.

Im Juli und August finden am Königsufer die Filmnächte am Elbufer (Königsufer, Büro-Tel. 0351 89 93 20, Mo–Fr, www.dresden.filmnaechte.de) statt: Hier können Sie Blockbuster-Movies und Publikumslieblinge sowie Konzerte internationaler Topstars vor der atemberaubenden Kulisse der Dresdner Altstadt erleben.

Der Große Garten mit seinem barocken Flair ist eine grüne Oase mitten in Dresden.

Vom Stadtzentrum zum Großen Garten

Plattenbaumoderne und ein Naherholungsgebiet – in bester City-Lage und abseits der Touristenströme

Seite 102–127

Erste Orientierung

Ja, es gibt ein Dresden jenseits der Touristenströme! Und dafür muss man sich nur aus
dem magischen Dreieck »Zwinger –
Semperoper – Frauenkirche«
hinauswagen. Das neue,
das Nachkriegs-Dresden,
wuchs aus einer Trüm-
merwüste heraus; un-
mittelbar südlich der
historischen Altstadt
hat es seine Mitte.

1945 standen zwischen Wilsdruffer
Straße und Hauptbahnhof
nur noch Ruinen, ein paar Jahre
später nicht einmal mehr die. Eine
rigide »Großflächenberäumung«
hatte aus dem einst so lebendigen
Stadtzentrum eine mehrere Quadratkilometer große Wiese gemacht. Nur vier Vorkriegsbauten –
Kreuzkirche, Rathaus, Gewandhaus
und ein Bankgebäude – blieben erhalten. Ab 1953 wurde der Altmarkt
(S. 166) mit den angrenzenden
Quartieren, in den 1960er- und
1970er-Jahren die Prager Straße
(S. 120) »neu erfunden«. Wenn diese
Neubauten auch das verlorene alte
Dresden nicht ersetzen können, so
sind sie doch exemplarische städtebauliche Zeugnisse einer Epoche
und längst ein Teil der urbanen
Identität. In Dresdens Zentrum
herrscht heute das geschäftige Treiben einer modernen Großstadt mit
Einkaufszentren und Kaufhäusern,
Cafés und Restaurants, Kinos und
Theatern. Im Osten schließt sich
der größte Park der Stadt an: der
Große Garten (S. 112). Nach Sightseeing und Einkaufsbummel kann
man hier die Seele baumeln lassen.

Mein Tag

der Kontraste: Mensch, Natur und Technik

Heute steht Ihnen der Sinn nach Natur? Dann nichts wie raus in die Parks! Die sächsische Landeshauptstadt ist dank der Dresdner Heide, der weitläufigen Elbwiesen und der zahlreichen großen und kleinen Grünanlagen eine der grünsten Großstädte Deutschlands. Wer Lust auf Kultur hat, findet am Wegesrand spannende Angebote.

9.30 Uhr: Morgenluft schnuppern

Beginnen Sie Ihre Exkursion mit einem Spaziergang durch die **32** Bürgerwiese und den Blüherpark (S. 123), quasi die beschaulichen kleinen Schwestern des Großen Gartens. Sobald Sie den verkehrsreichen Georgplatz südlich des Rathauses hinter sich gelassen haben, wird es still und friedlich. Nach 200 m grüßen Sie die drei vergoldeten »Grazien« des Mozartbrunnens (S. 108, 123).

10 Uhr: Besuch beim »Gläsernen Menschen«

Hinter der Zinzendorfstaße geht die Bürgerwiese in den Blüherpark über, den Sie, sich nach links wen-

9.30 Uhr: Morgenluft
schnuppern

10 Uhr: Besuch
beim »Gläsernen
Menschen«

16.30 Uhr: Natur und Kunst in
perfekter Harmonie

13 Uhr: Tierische
Begegnungen

15 Uhr: Eisenbahn-
Romantik und
E-Mobilität

19 Uhr: Romanti-
sches Dinner mit
Seeblick

Start

Pirnaischer
Platz

Grunaer Str.

Georg-
platz

Bürgerwiese

Museumsküche

31

9.30 Uhr

32

10 Uhr

33

Blüherstr.

Lennéstr.

Mosaik-
brunnen

9

Zoo

13 Uhr

15 Uhr

Parkeisenbahn

Südallee

Gläserne
Manufaktur

Botanischer
Garten

Herkulesallee

Stübelallee

16:30 Uhr

Palais

Palais-
teich

Neuer
Teich

Hauptallee

200 m

200 yd

19 Uhr

Carola-
schlösschen

Carola-
see

Freilichtbühne
Junge Garde

Ende

Drei Grazien umtanzen das Mozartdenkmal.

dend, durchqueren. Vor Ihnen liegt das **❸①** Deutsche Hygiene-Museum (S. 122): Lassen Sie sich nicht von dem seltsamen Namen irritieren, das Museum ist eines der innovativsten der Stadt und bietet neben der Dauerausstellung »Abenteuer Mensch« spannende Sonderausstellungen zu soziokulturellen Themen. Egal für welche Ausstellung Sie sich entscheiden: Im Anschluss empfiehlt sich eine Stärkung im hauseigenen Café & Restaurant Museumsküche (S.124).

13 Uhr: Tierische Begegnungen

In der Süd-West-Ecke des Großen Gartens, der nur einen Katzensprung entfernt ist, liegt der traditionsreiche Dresdner Zoo (S. 113), in dem über 1000 Tiere aus ca. 200 verschiedenen Arten leben. Viele der Gehege wurden in den letzten Jahren naturnah gestaltet, etwa die Giraffen- und Zebraanlage, das Afrikahaus und die neue Känguruanlage. Publikumslieblinge sind zweifellos die drei Koalas Mullaya, Sydney und Eerin (S. 115). Wenn Sie es also noch nicht nach Australien geschafft haben, die putzigen Beuteltiere aber schon immer mal leibhaftig erleben wollten, schauen Sie im Prof.-Brandes-Tropenhaus vorbei. Täglich werden zudem Touren mit den Zooscouts angeboten. Hier erfahren Sie viel über Artenschutz und dürfen hinter die Kulissen blicken.

10 Uhr

15 Uhr

Oben: Spannende Informationen über den Körper

Rechts: In der Erlebniswelt der Elektromobilität

15 Uhr: Eisenbahn-Romantik und E-Mobilität

Verlassen Sie den Zoo über den Hinterausgang. Während der Saison (April-Okt.) können Sie hier am Bahnhof Zoo in die Parkeisenbahn (S. 113) einsteigen und sich bei einer halbstündigen Rundfahrt einen Überblick über den Großen Garten verschaffen. Die Reise im offenen Wagen endet am »Hauptbahnhof«. Gleich nebenan steht die Gläserne Manufaktur des VW-Konzerns (S. 114). Vielleicht sind noch Plätze zu einer Führung frei? Wenn nicht, lohnt sich zumindest der Blick in das Besucherzentrum mit interaktiven Medien-Stationen und neuesten vollelektrischen VW-Modellen zum Probesitzen. Irgendwie ist die Manufaktur ja auch ein Teil des »grünen Dresdens«, denn hier werden nur E-Autos produziert. Sollten Sie mit Autos nichts am Hut haben, können Sie dem benachbarten Botanischen Garten der Technischen Universität (S. 113) an der Stübelallee einen Besuch abstatten.

16:30 Uhr

Flanieren in Dresdens grünem Herzen

🕐 16.30 Uhr: Natur und Kunst in perfekter Harmonie

Nun wird es endlich Zeit, den ⑨ ★★ Großen Garten (S. 112) mit seinen Alleen und verschlungenen Wegen zu Fuß zu erobern. Mit 147 ha ist er der flächenmäßig größte Park Dresdens und beliebt bei Gästen und Einheimischen, die hier spazieren gehen, inlineskaten, joggen, radeln und Nordic Walking betreiben oder einfach nur im Grünen die Sonne genießen.

Machen Sie von der Hauptallee zunächst einen Abstecher nach Süden. Hier steht der Mosaikbrunnen, ein wahres Art-Déco-Kleinod des Architekten Hans Poelzig von 1926 .

Zurück auf der zentralen Allee des Parks gehen Sie jetzt auf das Palais im Großen Garten zu. Der Barockbau ist nur zu Ausstellungen, oder anderen Kulturevents geöffnet.

Nicht nur Outdoor-Fanatiker und Naturliebhaber kommen im Großen Garten auf ihre Kosten: Im Sommer werden die drei Freilichtbühnen bespielt, allen voran die fast 5000 Zuschauer fassende »Junge Garde«.

Alle zwei Jahre im März ziehen zum »Dresdner Frühling im Palais« für zehn Tage tausend Blumen ein (nächster Termin 2025). Rings um das Palais, das zusammen mit seinen Kavaliershäusern, dem Palaisteich und den üppig bepflanzten Blumenbeeten die Mitte des Großen Gartens bildet, gibt es zahlreiche Schmuckvasen und Skulpturen zu bewundern. Hinter dem Palaisteich gelangen Sie nach 150 Metern zu einem Kanal, der nach Süden zum Carolasee führt, der im 19. Jh. angelegt

und nach der letzten sächsischen Königin benannt wurde. Wie wär's mit einer entspannten Ruderpartie? Am Bootshaus am westlichen Ende des Sees können Sie ein Boot mieten.

⏰ 19 Uhr: Romantisches Dinner mit Seeblick

An diesem einladenden Ort beginnt Ihr Abendprogamm: Am Ufer des Carolasees liegt idyllisch auf einer Halbinsel das beliebte Restaurant Carolaschlösschen (S. 124): Die See-terrassen bieten einen zauberhaften Blick über das Wasser mit der romantisch illuminierten Fontäne in der Mitte. Perfekt für einen Cocktail zur Einstimmung auf den Abend! Lassen Sie den Tag bei einem Abendessen mit regionalen oder internationalen Spezialitäten ausklingen. Oder vielleicht gibt es in der nahe gelegenen Freilichtbühne Junge Garde (S. 190) in der Südostecke des Parks ja noch ein beschwingtes Dixiland- oder ein Rock-Konzert? Auch kein schlechter Abschluss des Tages!

❾ ★★ Großer Garten

Das frühbaro-
cke Palais bildet
den Mittelpunkt
des Großen
Gartens.

Nur 1 km östlich der Frauenkirche (S. 40) erstreckt sich Dresdens größter und schönster Park mit schnurgeraden Alleen und geschwungenen Wegen, Skulpturen und Teichen, Freilichtbühnen und Gartenlokalen, mit Botanischem Garten, Zoo und Parkeisenbahn. Und einer Fabrik.

Im Jahr 1676 gab der spätere Kurfürst Johann Georg III. den Auftrag zur Schaffung eines Lust- und Jagdgartens im französischen Barockstil vor den Toren der Stadt, dem in den folgenden Jahrhunderten eine wechselvolle Geschichte beschieden sein sollte: Beim Bombenangriff auf Dresden im Februar 1945 (S. 18) wurde der Große Garten nicht zum ersten

Mal durch Kriegseinwirkungen verwüstet. Im Siebenjährigen Krieg plünderten die Preußen die Anlage. In der Schlacht
bei Dresden im August 1813 – Napoleon errang hier den letzten Sieg über Russen, Österreicher und Preußen – musste der
Park erneut als Kampfplatz herhalten. Seine jetzige Gestalt
verdankt er dem Lenné-
Schüler Friedrich Bouché,
der weite Teile der rund
2 km² großen Anlage ab
1873 in einen englischen
Landschaftsgarten ver-
wandelte.

Am Schnittpunkt von
Haupt- und Querallee
steht das Palais Großer
Garten. Nach Entwürfen
von Johann Georg Starcke entstand es 1678–1683 als erster
Barockbau Sachsens. Derzeit ist das Palais nur zu Kulturevents wie Konzerten oder Ausstellungen geöffnet.

Beliebt sind die
1925 gebauten
Minidampfloks,
die mit 30 km/h
durch den Gro-
ßen Garten
schnaufen.

Von den acht Kavaliershäusern (S. 110) aus dem Jahr 1794
überlebten fünf den Zweiten Weltkrieg. Auf der Palais-Ost-
seite wurde 1715 der Palaisteich angelegt. Ganz in der Nähe
befindet sich das Parktheater (S. 110), 1719 errichtet für die
Feierlichkeiten zur Hochzeit von Friedrich August II. mit
der österreichischen Kaisertochter Maria Josepha. Nördlich
der Herkulesallee liegt das Puppentheater Sonnenhäusel.

Flora, Fauna und eine Eisenbahn

Der bereits 1893 an dieser Stelle eingerichtete Botanische
Garten der Technischen Universität Dresden liegt heute
unmittelbar neben der Gläsernen VW-Manufaktur. Auf dem
3,25 ha großen Gelände wachsen und gedeihen rund 10 000
Pflanzenarten aus allen Klimazonen der Erde. Der ebenfalls
ins Areal des Großen Gartens integrierte Dresdner Zoo
wurde 1861 gegründet und ist damit der viertälteste Zoo
Deutschlands. Bekannt wurde er vor allem durch seine Orang-
Utan-Zucht. Seit ein paar Jahren sind hier auch die Koalas
Mullaya, Sydney und Eerin zu Hause (S. 115).

Eine Fahrt mit der Dresdner Parkeisenbahn ist Pflicht!
Mit einer Spurweite von 381 mm führt sie über ein Strecken-

netz von 5,6 km. Die reine Fahrtzeit für eine Runde beträgt eine halbe Stunde; Ein- und Aussteigen ist an fünf Stationen möglich.

Zukunft der Mobilität

Die Gläserne Manufaktur ist das Aushängeschild des Volkswagenkonzerns für Elektromobilität und Digitalisierung, seit 2021 läuft hier der vollelektrische VW ID.3 vom Band. Bei Führungen bekommen die Besucher Einblicke in modernste Fertigungsprozesse. Im Zentrum der Erlebniswelt mit interaktiven Exponaten und Ausstellungsfahrzeugen erinnert ein Kugelhaus an das erste Kugelhaus der Welt, das hier 1928 für die Ausstellung »Die technische Stadt« errichtet und 1938 von den Nationalsozialisten abgerissen wurde.

Wer will, kann bei einer halbstündigen, von einem Instruktor begleiteten Probefahrt durch die Stadt eines der neuesten VW-Elektromodelle testen (vorher anmelden!). Dafür stärken kann man sich mit der berühmten »VW-Currywurst« im hauseigenen Restaurant.

KLEINE PAUSE

Eine Parkbank und ein Eis, ein Picknick im Schatten eines Baumes – was will man mehr? Vielleicht Kaffee und Kuchen auf der Terrasse des **Carolaschlösschens** (S. 124)?

✛199 D–F 2/3

Botanischer Garten
✛199 D3 ✉Stübelallee 2
☎0351 4 59 31 85 ⊕www.tu-dresden.de/bg
❶April–Sept. tägl. 8–18, März, Okt. 10–17, Feb., Nov. 10–16, Jan., Dez. 10–15.30 Uhr; Gewächshäuser ganzjährig ab 10 Uhr
🚋Straßenbahn 1, 2, 4, 10, 12, 13 Straßburger Platz
✦frei

Gläserne Manufaktur
✛199 D3/4
✉Lennéstraße 1

☎0351 4 20 44 11
⊕www.glaesernemanufaktur.de ❶Mo–Sa 9–18 Uhr, Führungen zu jeder vollen Stunde (Anmeldung empfohlen)
🚋Straßenbahn 1, 2, 4, 10, 12, 13 Straßburger Platz
✦9 €, Familien 20 €

Parkeisenbahn
✛199 D3
✉5 Haltpunkte, u. a. am Straßburger Platz
☎0351 4 45 67 95;
⊕www.grosser-garten-dresden.de/de/grosser-garten-dresdner-parkeisenbahn/dresdner-park-eisenbahn

❶April–Okt., meist Mi–So Fahrzeiten variieren, Rundfahrt 7, Kinder 2–16 Jahre 4, Familien 14 €
🚋Straßenbahn 1, 2, 4, 10, 12, 13 Straßburger Platz
✦1–6 €

Zoo Dresden
✛199 D2/3
✉Tiergartenstraße 1
☎0351 47 80 60;
⊕www.zoo-dresden.de
❶April–Sept. tägl. 8.30 bis 18.30, Frühling/ Herbst bis 17.30, Winter bis 16.30 Uhr 🚋Straßenbahn 9, 13, Bus 68 Zoo
✦12 €

Besuch bei drei hinreißenden Australiern

Ach, wie knuffig! Die Koalas Mullaya, Sydney und Eerin sind die Stars im Dresdner Zoo. Rund 20 Stunden am Tag verbringen die drei flauschigen Aussies mit ihrer Lieblingsbeschäftigung: Schlafen. Nur wenn die Pfleger morgens um 9.30 Uhr große Büschel frischer Eukalyptusblätter bringen – von der eigens angelegten Plantage einer Dresdner Gärtnerei – kommt (ein wenig) Bewegung ins Gehege. Mehr »Action« gibt es beim Wiegen (jeden Mittwoch und Sonntag um 11 Uhr).

Zoo Dresden, Infos siehe linke Seite

㉙ Altmarkt

Der Altmarkt ist Dresdens ältester Platz; die erste urkundliche Erwähnung stammt aus dem Jahr 1370. Er war Schauplatz höfischer Feste und bürgerlicher Revolutionen, er hatte berühmte Anwohner wie Heinrich von Kleist oder Carl Maria von Weber. Und bereits seit 1434 findet hier der Striezelmarkt (S.126) statt. Herbst - und Frühjahrsmärkte gehören heute ebenfalls dazu.

Schon im 19. und frühen 20. Jh. prägten Geschäfte und Cafés das Bild des Platzes, so die Löwenapotheke, das Kaufhaus Renner mit der ersten Rolltreppe Dresdens und die 1825 gegründete Konditorei Kreutzkamm (S. 124). Die Bomben des 13. Februar 1945 (S. 18) legten alle angrenzenden Gebäude in Schutt und Asche. In den darauffolgenden Tagen wurden zahlreiche Opfer des Angriffs auf dem Platz zusammengetragen und verbrannt. Beim Wiederaufbau des Altmarkts vergrößerte sich seine Fläche auf mehr als das Doppelte. Ab 1953 entstanden auf der West- und Ostseite siebenstöckige Gebäude mit Wohnungen und repräsentativen Läden. Monumentalbauten nach sowjetischem Vorbild, in anderen ostdeutschen Großstädten zu dieser Zeit üblich, blieben Dresden erspart. Entgegen der vorherrschenden Bauauffassung versuchte man gar, sich mit einigen dem 17. Jh. entlehnten Stilelementen der Dresdner Tradition anzupassen – weshalb der Baustil bald spöttisch als »Sozialistischer Barock« bezeichnet wurde. In den letzten Jahren haben sich rund um den Altmarkt zahlreiche neue Läden angesiedelt; zwischen Altmarkt

Spektakulärer Blick vom Rathausturm über Kreuzkirche und Altmarkt

und Wallstraße liegt mit der Altmarkt-Galerie (S. 126) Dresdens größtes Shoppingcenter.

Stöbern und shoppen in der beliebten »Altmarkt-Galerie«

Kultur fürs Volk

Die ersten Entwürfe für ein »Haus der sozialistischen Kultur« an der Nordseite des Altmarkts sahen einen Turm im stalinistischen Zuckerbäckerstil vor. Ausgeführt wurde 15 Jahre später jedoch ein an der internationalen Moderne orientierter Bau mit Glasfassade und Kupferdach. Seit seiner Einweihung 1969 bot der Kulturpalast (S. 127) mit einem fast 2500 Plätzen umfassenden Festsaal, dem Studiotheater und verschiedenen Salons Raum für Kongresse,

Bälle und Konzerte von Philharmonie, Musikfestspielen und Dixielandfestival. Seit 2017 sind die Dresdner Philharmonie (S. 127), das Kabarettheater Die Herkuleskeule (S. 127) sowie die neue städtische Zentralbibliothek hier beheimatet. Der nun auf die Bedürfnisse eines großen Orchesters abgestimmte neue Konzertsaal (1750 Plätze) ist auch eine Bühne für Jazz, Weltmusik und Pop. Die Fassade zur Schlossstraße ziert das (restaurierte) Wandbild »Der Weg der roten Fahne« von Gerhard Bondzin aus DDR-Zeiten.

Die Kreuzkirche

Im Laufe von fast 800 Jahren wurde die Kreuzkirche mehrfach durch Brände und Kriegseinwirkungen zerstört und immer wieder aufgebaut. Den von Canalettos (S. 21) Bildern

Die Kreuzkirche ist die evangelische Hauptkirche Dresdens.

bekannten Renaissanceturm haben die Preußen auf dem Gewissen: Beim Beschuss durch die Truppen Friedrichs II. beschädigt, stürzte er 1765 in sich zusammen. Ein Feuer zerstörte im Februar 1897 das Kirchenschiff, in der Bombennacht des 13. Februar (S. 18) brannte es erneut aus. 1955 wurde das wieder aufgebaute Gotteshaus geweiht, 1963 erhielt es eine neue Orgel der Dresdner Firma Jehmlich. Die heutige Rauputz-Gestaltung war ursprünglich nur als Provisorium gedacht, erwies sich jedoch als angemessene Dauerlösung.

Das Altargemälde »Kreuzigung« von Anton Dietrich stammt aus dem Jahr 1900, das Nagelkreuz in der Schütz-Kapelle ist ein Versöhnungsgeschenk der Kathedrale im englischen Coventry von 1986. Der Aufstieg zur Aussichtsplattform im Kirchturm führt vorbei am (nach dem Kölner Dom) zweitgrößten Geläut Deutschlands.

Seit Jahrhunderten ist die Kreuzkirche die Heimat des berühmten Kreuzchors (S. 20) mit ca. 130 jungen Sängern, den man bei Gottesdiensten oder Konzerten erleben kann (http://kreuzchor.de).

Gebauter Bürgerstolz

Für den Bau des Rathauses östlich der Kreuzkirche musste zu Beginn des 20. Jhs. ein ganzes Geviert mit Bürgerhäusern und einer barocken Kirche weichen. 1910 ersetzte das neue Rathaus nach Plänen von Karl Roth und Edmund Bräter das zu eng gewordene am Altmarkt. Im Krieg zerstört, wurde es in reduzierter Form wiederaufgebaut. Über dem massigen Baukörper, der sechs Höfe umschließt, erhebt sich der 100 m hohe Rathausturm mit (leider auf unbestimmte Zeit geschlossener) Aussichtsplattform. Auf der

Spitze schüttet ein 5 m hoher, 2006 frisch vergoldeter Herkules als Goldener Rathausmann sein Füllhorn über der Stadt aus. Die Goldene Pforte wird von zwei bronzenen Löwen bewacht. Auf dem Platz davor steht das Denkmal der Dresdner Trümmerfrau. Den Gänsediebbrunnen (S. 125) in der Weißen Gasse schuf Robert Diez 1878. Das 1768–1770 errichtete Gewandhaus war einst Domizil der Fleischhauer und Gewandschneider und ist heute ein Hotel. Beim Wiederaufbau des spätbarock-klassizistischen Gebäudes wurde an seiner Rückseite der Dinglinger-Brunnen aufgestellt.

Die Jugendstilausmalung des Treppenaufgangs im Rathaus stammt von Otto Gussmann.

KLEINE PAUSE

Vegane, vegetarische und vollwertige Küche gibt es im **LadenCafé aha** (S.124).

✣ 202 B1
🚋 Straßenbahn 1, 2, 4 Altmarkt, 8, 9, 11, 12; Bus 62 Prager Straße

Kreuzkirche / Turm
❷ Kirchenführungen: Ostern–1.Advent

ca. 15.20–16 Uhr (nach dem Orgelspiel), Turm: Mo–Fr 10–18, Sa 10–15, So 11–18 Uhr, Nov., Jan., Feb. verkürzt; letzter Turmaufstieg 30 Min. vor Schließung ✦ Kirche und Turm: 5 €

㉚ Prager Straße

Warum?	Eine belebte und beliebte Shoppingmeile
Was?	Flanieren und Shoppen. Abends ins Rundkino oder in den Kristallpalast zu Film oder einer Opern-Übertragung
Wie lange?	1 Stunde und länger
Wann?	Während der Ladenöffnungszeiten
Was noch?	Von der Terrasse des Restaurants Borowski haben Sie den vollen Überblick
Was nehme ich mit?	Volle Shopping-Bags

Einst war die »Prager« die berühmte Geschäfts- und Ver-
gnügungsmeile Dresdens. Im Zweiten Weltkrieg fast vollständig zerstört, wurde sie 20 Jahre später als »sozialistischer Fußgängerboulevard« wieder aufgebaut.

Die Einweihung der Sächsisch-Böhmischen Eisenbahn-
linie im Jahr 1851 machte eine direkte Verbindung vom
Böhmischen Bahnhof, dem heutigen Hauptbahnhof, zur
historischen Altstadt dringend erforderlich. Ab der Mitte
des 19. Jhs. entstand deshalb ein dicht besiedeltes Wohn-
viertel mit der Prager Straße als zentraler Achse. Altein-

Die Metallplas-
tik »Völker-
freundschaft«
von Wolf-Eike
Kuntsche

gesessene Dresdner erinnerten sich noch jahrzehntelang an die zahlreichen Konditoreien, die eleganten Geschäfte und die großen Lichtspielhäuser, an reich verzierte Gründerzeitfassaden, an Victoriahaus

und Residenzkaufhaus. Der Feuersturm des 13. Februar 1945 (S. 18) löschte die alte Pracht aus.

1998 entstand der vom Wiener Architektenbüro Coop HimmelB(l)au entworfene UFA-Kristallpalast.

Neue Sachlichkeit

Ab 1965 entstand die neue Prager Straße als eine an internationalen Städtebaukonzepten orientierte Komposition aus Hotels, Pavillons mit Läden und Gaststätten, einer 240 m langen Wohnzeile, einem Warenhaus und einem Kino. Und auch wenn sie die alte »Prager« nicht ersetzen kann, gilt die neue längst als herausragendes städtebauliches Ensemble aus der zweiten Hälfte des 20. Jahrhunderts. In den letzten Jahren entstanden an den Endpunkten der Straße neue Büro- und Geschäftsbauten. Im Norden wurden vor allem Kaufhäuser und anstelle des alten Centrum-Warenhauses die Centrum Galerie (S. 126) errichtet, eine Shoppingmall mit kleinem Food Court. Den südlichen Abschluss bilden nun die Prager Spitze, das Mini-Einkaufszentrum Kugelhaus am Wiener Platz (das an das Dresdner Kugelhaus von 1928 erinnern soll) und das Prager Carrée aus Wohnungen und Läden. Im Rundkino residiert ein Cineplex-Kino mit Sachsens größter Leinwand.

KLEINE PAUSE

Schweben Sie über den Dingen im **Borowski** (S.124) oder genehmigen Sie sich auf der Prager Straße einen Imbiss.

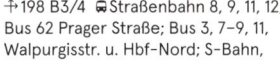
✝ 198 B3/4 🚋 Straßenbahn 8, 9, 11, 12; Bus 62 Prager Straße; Bus 3, 7–9, 11, Walpurgisstr. u. Hbf-Nord; S-Bahn, Straßenbahn 3, 7, 8, 10, Bus 66 Hauptbahnhof

㉛ Deutsches Hygiene-Museum

Warum?	Hier steht der Mensch im Mittelpunkt
Was?	Der Gläserne Mensch ist eine Dresdner Ikone
Wie lange?	Mindestens zwei Stunden, mit Sonderausstellung doppelt so lange
Wann?	Immer außer montags
Was noch?	Spektakuläre Sonderausstellungen
Was nehme ich mit?	Ein Mini-Gerippe aus dem Museumsshop

Die Gründung des Museums erfolgte 1912 auf Initiative des Dresdner Odol-Fabrikanten Karl August Lingner (S. 136). Das bis 1930 nach Entwürfen von Wilhelm Kreis errichtete

Phänomenale Einblicke in den menschlichen Körper

Museumsgebäude wurde nach dem Zweiten Weltkrieg wiederaufgebaut. Die ständige Ausstellung behandelt sieben Themenkomplexe: von »Sexualitäten« über »Erinnern, Denken, Lernen« bis hin zu »Leben und Sterben«. Berühmtestes Exponat ist der Gläserne Mensch. Furore macht das Haus regelmäßig mit spannenden Sonderausstellungen. Das hauseigene »Kinder-Museum« ist ein 500-Quadratmer-Erlebnisparcours zu den fünf Sinnen für Kids von fünf bis zwölf.

KLEINE PAUSE
Die **museumsKÜCHE** (S. 125) bietet frische Küche.

 ✚198 C3/4 ✉Lingnerplatz 1 ☎0351 4 84 64 00 ⊕www.dhmd.de ❶Di–So 10–18 Uhr ☗Straßenbahn 10, 13 Großer Garten; 1, 2, 4, 12 Dt. Hygiene-Museum ✦ 10 €, Familien 15 €, Kinder bis 16 Jahre frei

Nach Lust und Laune!

32 Bürgerwiese & Blüherpark

Die Bürgerwiese zwischen Stadtzentrum und Großem Garten wurde ab 1838 als städtischer Park angelegt und später u. a. nach Plänen von Peter Josef Lenné umgestaltet. Das 1945 zerstörte und 1991 rekonstruierte Mozartdenkmal von Hermann Hosaeus – drei Grazien tanzen einen Reigen – stammt aus dem Jahr 1907.

Nach Osten geht die Bürgerwiese in den Blüherpark über. Das benachbarte Stadion ist die Spielstätte des Fußballklubs SG Dynamo Dresden.

⊕ 198 C3 🚃 Straßenbahn 9, 10, 11, 13, Bus 68 Lennéplatz; Straßenbahn 8, 9, 11, 12, Bus 62 Prager Straße; Straßenbahn 10, 13 Großer Garten

33 Georg-Arnhold-Bad

Das 1926 eingeweihte Stadtbad ist nach dem einstigen Stifter, dem jüdischen Bankier Georg Arnhold, benannt. Das beliebte Hallen- und Freibad liegt zwischen Deutschem Hygiene-Museum (S. 122) und Dynamo-Stadion. Das solarbeheizte 25-Meter-Schwimmbecken mit sechs Bahnen, das 250 m² große Erlebnisbecken oder das Vier-Jahreszeiten-Becken mit Strömungskanal sowei die 93-m-Riesenrutsche im Freien bieten vielfältigen Wasserspaß. In der Saunalandschaft mit fünf Themensaunen ist Relaxen angesagt.

⊕ 198 C3 ✉ Helmut-Schön-Allee 2 ☎ 0351 48 41 92 00 🕐 s. unter ⊕ http://dresdner-baeder.de 🚃 Straßenbahn 10, 13 Großer Garten 💶 ab 7 €

Die Figuren Anmut, Heiterkeit und Ernst umgeben das Mozartdenkmal.

Wohin zum ...
Essen und Trinken?

Preise für ein Hauptgericht
(ohne Getränke):
€   unter 15 €
€€   15–25 €
€€€   über 25 €

Borowski €€
In der ersten Etage eines Nachwende-Neubaus direkt neben dem Rundkino sitzt man bei Salat, Bruschetta oder Burger, Kaffee oder Cocktail und beobachtet das Treiben auf der Prager Straße. Im Sommer sind die Plätze auf der Terrasse besonders begehrt – die schwebt auf »Stelzen« über Dresdens traditionsreicher Shoppingmeile.
⌖198 B4 ✉ Prager Str. 8a ☎ 0351 4 90 64 11 ⊕ www.borowski-dresden.de ❶ So–Do 9–22, Fr, Sa 9–23 Uhr ᔕ Straßenbahn 8, 9, 11, 12, Bus 62, Prager Straße; Straßenbahn 3, 7–9, 11 Walpurgisstraße

Carolaschlösschen €€
In dem Ausflugslokal im Großen Garten mit Blick auf den Carolasee werden seit 1895 Gäste bewirtet. Sie haben die Wahl zwischen Grand Café und dem Galerie-Restaurant im Obergeschoss. Am schönsten sitzt man freilich auf den Seeterrassen (Balkon oder Biergarten unter Bäumen). Traditionelle und internationale Küche.
⌖199 E2 ✉ Querallee 7, Großer Garten (nahe Tiergarten-/Oskarstraße) ☎ 0351 2 50 60 00 ⊕ www.carola schloesschen.de ❶ Mo–Sa ab 11, So 10–18 Uhr ᔕ Straßenbahn 9, 13, Bus 68 Querallee; Bus 61, 63, 85 Strehlen

Hans im Glück €–€€
Burgergrill mit Glücksgarantie. Das Lokal im »Birkenwäldchen« ist stets gut besucht. Die Burger gibt's mit Rind oder Huhn, vegetarisch oder vegan und mit allerlei raffinierten Zutaten. Dazu Salate, Bowls, Nachspeisen.
⌖202 B1 ✉ Altmarkt 24 ☎ 0351 31 77 94 86 ⊕ www.hansimglueck -burgergrill.de ❶ Tägl. 11–24 Uhr ᔕ Straßenbahn 1, 2, 4 Altmarkt

Hickory – Tapas, BBQ & Smokehouse €€–€€€
Ein Paradies für Fleischliebhaber: Burger, Hickory Smoked Ribs, Lamb Chops, argentinische Black Angus Steaks vom Charcoal Grill, dazu Tapas, Salads und Asian Bowls. Preiswerter Mittagstisch (Mi–Fr 11.30–15 Uhr) und verschiedene Special Days, zum Beispiel All U Can Eat Korean BBQ am Montag ab 17 Uhr.
⌖198 B4 ✉ Dr.-Külz-Ring 9 ☎ 0351 48 10 01 79 ⊕ www.hickory-dresden.de ❶ So–Do 11.30 bis 23, Fr, Sa 11.30–24 Uhr, Straßenbahn 8, 9, 11, Bus 62, 68

Kreutzkamm €
1825 gründete der 25-jährige Jeremias Kreutzkamm ein »Conditorei-Geschäft«, das sich zu einer Dresdner Institution entwickelte. Nach der Zerstörung des Stammhauses im Zweiten Weltkrieg und der Übersiedlung nach München wurde in den 1990er-Jahren in Dresden wieder ein Café eröffnet; seit 2011 ist es in der Altmarktgalerie beheimatet.
⌖202 B1 ✉ Altmarkt 25 ☎ 0351 4 95 41 72 ⊕ www.kreutzkamm.de ❶ Mo–Sa 10–20 Uhr ᔕ Straßenbahn 1, 2, 4 Altmarkt

Kulturwirtschaft €€
In dem Restaurant im Kulturkomplex Kraftwerk Mitte bekommt man was fürs Auge: prächtige Deckenlüster, Mobiliar im Industriedesign, überbordende Deko. Es gibt eine Zigarrenlounge und eine Terrasse. Ach ja, fürs leibliche Wohl wird natürlich auch gesorgt: à la carte und mit Buffet. Und im Pförtnerhäuschen des einstigen Heizkraftwerks befindet sich das angesagte Café-Bistro T1 (tägl. geöffnet).
⌖198 A5 ✉ Kraftwerk Mitte 16/4 ☎ 0351 48 48 47 58 ❶ Mi–Sa 14–24, So 13–22 Uhr ᔕ Straßenbahn 1, 2, 10; Bus 68 Bahnhof Mitte

LadenCafé aha €€
Die Speisekarte bietet Vollwertkost, überwiegend vegetarisch, vegan und mit Bio-Produkten zubereitet. Der Kaffee stammt aus fairem Handel, für Kinder gibt es eine Spielecke, und im Untergeschoss kann ein Weltladen mit Naturtextilien und

Accessoires. Schreibwaren sowie Kunsthandwerk aufgesucht werden.
⌖202 B1 ✉Kreuzstr. 7
☎0351 4 96 06 73 ⊕www.ladencafe.de
◔Mo-Sa 9-22, So 9-18 Uhr
🚋Straßenbahn 1, 2, 4 Altmarkt

[m]eatery bar + Restaurant €€€

Im Gewandhaushotel lässt das stylisch-edle
Steakrestaurant die Herzen von Fleischge-
nießern höher schlagen. Hier kommt Dry
Aged Beef auf den Teller: europäisches Wei-
derind, American Beef oder Fleisch von
freilebenden südamerikanischen Tieren.
Wochentags gibt es einen Burger-Lunch.
Die Barkarte offeriert Traditionals und Bota-
nical Cocktails – »fresh garden herbs for
cocktail lovers«.
⌖198 C4 ✉Ringstr. 1 ☎0351 49 49 80
⊕www.meatery.de ◔Mo-Fr 12-14 Uhr, Di,
So 18-22 Uhr 🚋Straßenbahn 1-4, 7, 12,
Bus 62 Pirnaischer Platz

museumsKÜCHE €

Das 2020 neu eröffnete Restaurant im Deutschen Hygiene-Museum wartet mit einer
modernen jungen Küche aus frischen regionalen Zutaten und mit wöchentlich wechselnden Angeboten auf. Serviert wird vor-
wiegend italienische und mediterrane
Küche. Es gibt Vegetarisches und Veganes,
und die Pasta ist hausgemacht.
⌖198 C3/4 ✉Lingnerplatz 1
☎0351 32 37 14 70 ⊕https://museums
kueche.de ◔Di-Fr 10-18, Sa, So 12-18 Uhr
🚋Straßenbahn 10, 13 Großer Garten

Paul Rackwitz »Neue Welt« €

Die Sommerwirtschaft in der ruhigen Nord-
Ost-Ecke des Großen Gartens ist der neueste Biergarten-Zugang der Stadt. Hier sitzen vor allem Einheimische bei Kraut-
gulasch »Szegediner Art«, Pulled Pork Burger oder Linsen-Süßkartoffel-Curry. Dazu
wird Staropramen oder Rackwitz Blond ge-
zapft. Im Winter versammelt man sich zu
Eisstockschießen und Glühwein.
⌖199 F3 ✉Stübelallee 4
☎0351 4 97 61 24, ⊕www.paul-rackwitz.de
◔Bei schönem Wetter Mo-Do ab 15, Fr-So
ab 12 Uhr 🚋Straßenbahn 1, 2 Lipsiusstraße

Torwirtschaft Großer Garten €

Nach einem Jahr Schließzeit öffnete der beliebte Biergarten im Sommer 2023 wieder
seine Tore. Der große Biergarten mit seinen
über 800 Plätzen bietet schattige Plätze.
Neben Radeberger und Freiberger Bier läuft
hier auch Guinness aus dem Hahn, Käse-
spätzle mit Röstzwiebeln und Obatzda bilden die bayerische Ergänzung zu Currywurst
und Frikadelle. Zu den Heimspielen der SG
Dynamo Dresden färbt sich der Garten
schwarz-gelb: Das Stadion liegt direkt gegenüber.
⌖199 D3 ✉Lennéstr. 11
☎01522 8 88 28 53 ◔Mi-Fr 15-22, Sa, So ab 11
Uhr 🚋Straßenbahn 10, 13 Großer Garten

Weiße Gasse €€

Die von der Wilsdruffer Straße abgehende
Fußgängerpassage hat sich zu einer echten
Kneipenmeile gemausert. Rund um den
Gänsediebbrunnen und in der angrenzenden
Kreuz- und der Gewandhausstraße haben
sich rund 20 Restaurants, Cafés und Bars
versammelt: vom rustikalen »Gänsedieb«
über das hippe »Rauschenbach Deli« bis hin
zu internationaler Küche, etwa im »Tapas
Barcelona«, »Meet the Greek« , »Mamma-
mia«, »Mandarin, »Tex Mex Santa Fe«. Ne-
ben Sauerbraten kommen Saltimbocca,
Souvlaki oder Enchiladas auf den Tisch.
⌖202 B1 ✉Weiße Gasse, Kreuzstraße,
Gewandhausstraße ◔Ab 9-11 Uhr
🚋Straßenbahn 1,2 4 Altmarkt

Wilma Wunder €-€€

Das Franchise-Restaurant in einem der repräsentativen Altmarktbauten aus den
1950er-Jahren ist besonders für sein Frühstück beliebt – die Eggs »Benedict« sind ein
Gedicht. Im Sommer kann man bei Flammkuchen mit Speck, Zoodels (Zucchininudeln)
oder Wiener Schnitzel von den Terrassenplätzen aus das Treiben auf dem gerade neu
gestalteten Altmarkt beobachten. Das Lokal
selbst ist sehr schön und geschmackvoll eingerichtet.
⌖202 B1 ✉Altmarkt 21-23
☎0351 21 63 03 35 ⊕https://dresden.wilma-
wunder.de ◔Tägl. 9-23 Uhr
🚋Straßenbahn 1,2 4 Altmarkt

Flanieren auf der Prager Straße, Dresdens größter Einkaufsmeile

Wohin zum ... Einkaufen?

PRAGER STRASSE UND ALTMARKT

Die »Prager« ist die traditionelle Einkaufs-
straße in Dresden. Hier haben sich die großen Kaufhäuser und die obligatorischen
Ladenketten (u. a. Peek & Cloppenburg,
Wöhrl, H&M, New Yorker) angesiedelt. Am

Weihnachtspyramide auf dem Striezelmarkt

Nordende der Prager Straße steht seit 1995
eines der attraktivsten Karstadt-Häuser
Deutschlands (Prager Str. 12), gerade frisch
renoviert, mit einer Feinkostabteilung und
einem Go-Asia-Supermarkt. Schräg gegenüber wartet die moderne Centrum Galerie
mit zahlreichen Shops (u. a. Bershka, Ja-
ck&Jones, Marc O'Polo, Scotch & Soda,
Ragazzi, Zara) und verschiedenen Fast-
Food-Angeboten auf. Im Laden Kunsthandwerk an der Kreuzkirche (An der Kreuzkirche 6) gibt es eine große Auswahl an Erz-
gebirgsvolkskunst.

Auf dem Altmarkt (S. 116) finden Früh-
jahrs- und Herbstmärkte statt sowie von
Ende November bis Heiligabend der Striezelmarkt. Seit der Einweihung des Erweite-
rungsbaus ist die Altmarkt-Galerie (zwischen Altmarkt und Wallstraße) Dresdens
größtes und wohl auch attraktivstes Shoppingcenter: Es beherbergt Filialen von
Esprit und Tom Tailor, Hugo Boss oder
Tommy Hilfiger, außerdem allerlei Kulinaria-
und Kosmetik-Geschäfte, einen Saturn-
Markt und den einzigen Apple Store Ost-
deutschlands außerhalb Berlins.

Neben dem Zugang vom Altmarkt hat die
Traditionskonditorei Kreutzkamm (S. 124)
ihr Domizil. Im Untergeschoss der Altmarkt-
galerie befindet sich die Quendteria – der
Shop des Dresdner Backwaren-Herstellers
Dr. Quendt mit allerlei Knabberzeug: Rus-
sisch Brot, Dinkelchen und Bemmchen.

Wohin zum ...
Ausgehen?

Nach dem Umbau bis 2017 öffnete der **Kulturpalast** mit einem auf die Bedürfnisse der Dresdner Philharmonie ausgerichteten Saal wieder seine Pforten. Neben Klassik-Konzerten wird hier auch Jazz, Rock und Pop geboten (Altmarkt, Ticketservice Tel. 0351 4 86 68 66, www.kulturpalast-dresden.de). Und auch die **Herkuleskeule** ist nun mit politischem Kabarett im Kulturpalast beheimatet (Tel. 0351 4 92 55 55, www.herkuleskeule.de).

Wo einst Schornsteine rauchten, steht heute Kultur auf dem Programm. Aus einem 1994 stillgelegtem historischem Heizkraftwerk unweit des Zwingers entstand das **Kraftwerk Mitte**, ein einzigartiger Kultur- und Kreativ-Komplex. Seit 2016 haben hier u.a. das **theater junge generation – tjg** mit den Sparten Schauspiel, Puppentheater, Theaterakademie (Tel. 0351 32 04 27 77, www.tjg-dresden.de) und die **Staatsoperette Dresden**, die neben Operetten auch Musicals und Spielopern aufführt (Tel. 0351 32 04 22 22, www.staatsoperette.de) ihr endgültiges Domizil gefunden. 2020 zog das **Zentralkino** ein (Tel. 0351 3 10 73 75, www.zentralkino.de), 2024 die **Puppentheatersammlung** der Staatlichen Kunstsammlungen (www.skd.de). Ebenfalls hier zuhause sind das **Dresdner Energie-Museum** (www.kraftwerk-museum.de), die Party- und Eventlocation **Stromwerk** (www.dresden-stromwerk.de), mehrere Restaurants sowie verschiedene Kreativ- und Bildungsinstitutionen.

Komödien, Comedy und Revue finden sich in den Spielplänen der **Comödie Dresden** (Freiberger Str. 39, Tel. 0351 86 64 10, www.comoedie-dresden.de) und des **Boulevardtheaters Dresden** (Maternistr. 17, Tel. 0351 26 35 35 26, www.boulevardtheater.de).

Das **Multiplex-Kino UFA-Kristallpalast** (St. Petersburger Str. 24a, www.ufa-dresden.de) und das **Rundkino** (Prager Str. 6, www.cineplex.de/dresden) zeigen Blockbuster sowie Live-Opern-Übertragungen.

Futuristisch: das Multiplex-Kino UFA-Kristallpalast

Vor toller Kulisse: Beim Elbhangfest im Fliederhof des Pillnitzer Schlosses

Der Elbhang

Vielfältiges Dolce Vita an der Elbe: Schlösser, Villen und alte Dörfer, Weinberge und von Wiesen gesäumte Flussufer

Seite 128–153

Erste Orientierung

Wer Dresden wirklich kennenlernen will, muss den Elbhang erleben. Hier wird Dresdner Lebensart zelebriert: von den Elbschlössern mit ihren Weinbergen über die Villen auf dem »Hirsch« und die ländliche Beschaulichkeit zwischen Körnerplatz und Pillnitz bis hin zur Sommerresidenz des sächsischen Hofes.

Man kann jenes heiter-unbeschwerte Lebensgefühl, das sich hier beinahe zwangsläufig einstellt, auf ganz unterschiedliche Weise erfahren. Etwa von einem Dampfer aus oder mit dem Fahrrad unterwegs auf dem Elberadweg (S. 157). Wahren Genuss findet freilich, wer auf Tuchfühlung mit diesem Flecken Erde geht: vielleicht bei einem Blick von der Terrasse des Lingnerschlosses (S. 143), einer Fahrt mit der Standseilbahn, bei einem Gläschen Wein im »Luftgarten« des Gare de la lune (S. 153) oder beim Beobachten von Eichhörnchen und Rotkehlchen im Schlosspark Pillnitz (S. 138). Die Dresdner huldigen ihrem Elbhang gar mit einem eigenen Fest (S. 26), das jedes Jahr ein Juni-Wochenende lang zwischen der rechtselbischen Stadtgrenze im Osten und dem Blauen Wunder (S. 144) gefeiert wird. Die Brücke mit dem wundersamen Namen ist eine Ikone des Elbhangs und der gesamten Stadt, und die Biergärten in ihrem Schatten gehören zu den Lieblingsplätzen der Einheimischen. Wer hier einen lauen Sommerabend lang gesessen hat, ist Dresden ganz nahe gekommen.

Mein Tag

zwischen Schlössern und Weinbergen

17.30 Uhr

Ende

Schloss Albrechtsberg ✓ ⑦ ★★

Winzer Lutz Müller

Lingner-schloss

Start am Terrassenufer im Stadtzentrum

Pillnitzer Landstr.

PILLNITZ

Dresdner Str.

Orangeriestr.

38

11 Uhr

⑥ ★★

Elbe

11 Uhr, Lustwandeln in exotischer Kulisse

500

Eine entspannte Entdeckertour führt Sie in das Dresdner Elbtal zwischen der Altstadt und Schloss Pillnitz. Die einzigartige Landschaft mit dem gemächlich dahinfließenden Strom und den von Wiesen, Weinbergen und Schlössern gesäumten Ufern ist Dresdens größter Schatz.

🕑 9.30 Uhr: Mit dem Schaufel-raddampfer über die Elbe

Während das Altstadtpanorama im Morgenlicht erstrahlt, besteigen Sie unterhalb der ❺ ★★ Brühlschen Terrasse (S. 62) einen der histori-schen Schaufelraddampfer der 🔢 Sächsischen Dampfschifffahrt (S. 66), mit dem es geruhsam strom-aufwärts geht. Suchen Sie sich un-bedingt einen Platz an Backbord (für Landratten: in Fahrtrichtung links): So können Sie hinter der Waldschlösschenbrücke die Aus-sicht auf die drei inmitten von Weinbergen gelegenen Elbschlösser (S. 142) genießen. Kurz darauf kommt das Blaue Wunder (S. 144) in

17.30 Uhr: »Weine mit Weitblick«

16 Uhr, Schlösser zwischen Parks und Weinbergen

16 Uhr

500 m
500 yd

LOSCHWITZ

Kurpark str.

34

Bautzner Landstr.

Plattleite

Schiller str.

Luisenhof

Standseilbahn

14.30 Uhr

14.30 Uhr: Fachwerk-idyll und technische Denkmale

Leonhardi-Museum

8

Blaues Wunder
Loschwitzer Brücke

Schwebebahn

Loschwitzer Kirche

Fr. Wieck Str.

Wachwitzer

Rochwitzer Busch

Höhenpark

Rhododendron-park

WACHWITZ

Elbe

9.30 Uhr

Pillnitzer Landstr.

9.30 Uhr: Mit dem Schaufel-raddampfer über die Elbe

9:30 Uhr

Mit dem Schaufelraddampfer über die Elbe schippern

11 Uhr

Ankunft bei Schloss Pillnitz

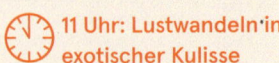

Im Schlossgarten lustwandeln und sich dem Zauber der Chinoiserien hingeben

Sicht, Dresdens berühmteste Elbbrücke. Vom Wachwitzer Elbhang (S. 148) grüßt der Dresdner Fernsehturm, von den Elbwiesen die Schifferkirche Maria am Wasser (S. 149) – und nur wenig später erreichen Sie Ihr prunkvolles Ziel.

11 Uhr: Lustwandeln·in exotischer Kulisse

Erobern Sie ❻ ★★ Schloss und Park Pillnitz (S. 138), die einstige Sommerresidenz der sächsischen Herrscher mit ihren verspielten Palais im damals angesagten »China-Look«.

Im Besucherzentrum Alte Wache können Sie Tickets für das Kunstgewerbemuseum der Staatlichen Kunstsammlungen (im Berg- und Wasserpalais) und das Schlossmuseum erwerben. Oder Sie streifen durch den lauschigen Park mit Pavillons, Palmenhaus und der legendären – aus Japan »eingewanderten« – Pillnitzer Kamelie, die im Frühjahr unzählige rote Blüten trägt (S. 141).

Für die Mittagspause empfiehlt sich das Schloss Hotel Dresden-Pillnitz (S. 188) mit zwei Lokalitäten. Im Wintergartencafé und von Mai bis Oktober auch im Biergarten unter Lindenbäumen stehen deftige regionale Spezialitäten auf dem Programm.

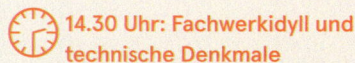 **14.30 Uhr: Fachwerkidyll und technische Denkmale**

Mit dem Bus Nr. 63 geht es den halben Weg zurück in Richtung City zu einem Stopp am ❽ ★★ Körner-platz (S. 144). In der Friedrich-Wieck-Straße (S. 145) laden mehrere liebevoll restaurierte Fachwerkhäuser mit Galerien und Kunstgewerbeläden zu einem Besuch ein: eine gute Gelegenheit, um nach originellen Mitbringseln zu stöbern.

Folgen Sie der Straße für einen kurzen Abstecher bis zur Elbe, dort liegt das Blaue Wunder in voller Schönheit vor Ihnen. Nehmen Sie am Körnerplatz die Standseilbahn zum 34 Weißen Hirsch (S. 148). Lohnend ist die Einkehr in das Traditi-

Mit der Schwebebahn geht es hinauf nach Oberloschwitz. Auf dem Dach der Bergstation wartet eine Aussichtsplattform.

onsrestaurant Luisenhof (S. 151) – ob für ein spätes Mittagessen oder Kaffee und Kuchen – schon allein wegen der fulminanten Aussicht von Gastraum und Terrasse. Über Bergbahnstraße und Plattleite führt ein zehnminütiger Fußweg zur Bautzner Landstraße. Mit der Straßenbahn Linie 11 gelangen Sie stadteinwärts bis zur Haltestelle Elbschlösser.

Das Lingnerschloss mit Weinberg liegt am Elbhang. Die Dachterrasse ist zugänglich, und mehrere Räume werden für Ausstellungen genutzt.

16 Uhr: Schlösser zwischen Parks und Weinbergen

Hier stehen hoch über der Elbe und eingerahmt von Weinbergen und Parks mit alten Bäumen und weitläufigen Wiesen die drei ❼ ★★ Elbschlösser (S. 142), die Sie schon vom Dampfer aus bewundern konnten. Nehmen Sie sich die Zeit für einen Spaziergang und lassen Sie das Zusammenspiel von Architektur und Natur auf sich wirken. Im Lingnerschloss (S. 143) in der Mitte können Sie sich über dessen früheren Besitzer, den Odol-Fabrikanten Karl August Lingner, informieren, eine Kunstausstellung besuchen oder dem Bau aufs Dach steigen.

17.30 Uhr: Wein mit Weitblick

Die Weinberge unterhalb von Lingnerschloss und Schloss Albrechtsberg (S. 142) tragen die Weinlagen-Bezeichnung Dresdner Elbhänge,

16 Uhr

17:30 Uhr

Kehren Sie ein in die Straußwirtschaft an einem der schönsten Orte des Elbhangs!

bewirtschaftet werden sie von dem Winzer Lutz Müller (S. 143). Herzstück des Weinguts ist das Kavaliershaus im Park von Schloss Albrechtsberg. Hier können Sie im Weinladen mit Café die hauseigenen Rebensäfte erwerben. Nur wenige Schritte entfernt betreibt Winzer Müller direkt oberhalb des Weinbergs an den Wochenenden der wärmeren Jahreszeiten eine stets gut besuchte Straußwirtschaft. Zu Flammkuchen und Müller-Thurgau, Riesling oder Rosé gibt es

einen unbezahlbaren Blick über das Elbtal.

Wenn die Straußwirtschaft nicht geöffnet hat, ist der Biergarten der Lingnerterrassen (S. 143) am Lingnerschloss eine gute Alternative für den Ausklang eines romantischen Tages.

Dampfer der Sächsischen Dampfschifffahrt
❶ Saison Mai–Okt., sonst v.a. Sonder- und Veranstaltungsfahrten ⛴ Pillnitz: 19 €

Rückfahrt mit dem Bus
🚌 Von Pillnitz zum Körnerplatz: Bus Linie 63, ab Pillnitzer Platz (am Schloss), Dauer: 16 Min.
🚌 Vom Parkhotel (Plattleite/Bautzner Landstraße) bis Elbschlösser (2 Haltestellen)
🚌 Von den Elbschlössern zurück in die City: Straßenbahn Linie 11 ab Elbschlösser oder zu Fuß an der Elbe entlang

Winzer Lutz Müller
✉ Bautzner Str. 130 ☎ 0172 99 30 205
🌐 www.winzer-lutz-mueller.de

❻ ★★ Schloss & Park Pillnitz

Warum?	**Das pittoreske Architekturensemble ist ein ganz besonderer Ort**
Was?	**Ein Rundgang durch die Schlossanlage und den Park**
Wie lange?	**2 Stunden, mit Museen insgesamt 3–4 Stunden**
Wann?	**Zu jeder Jahreszeit, Museen nur Mai bis Oktober**
Was noch?	**Die berühmte Pillnitzer Kamelie**
Was nehme ich mit?	**Kamelien-Souvenirs: Ableger (Nov.–März), Lesezeichen, Poster oder Buch**

Eigentlich hätte dies das Schloss der Gräfin Anna Constantia von Cosel (S. 16), der berühmtesten Mätresse der sächsischen Geschichte, werden können. Doch es kam anders: Nachdem ihr 1706 der sächsische Herrscher August der Starke das Anwesen an der Elbe geschenkt hatte, musste sie es nach dem Ende der Liaison wieder hergeben. Während die Cosel den Rest ihres Lebens – immerhin noch 49 Jahre – in Gefangenschaft auf der nahen Burg Stolpen (S. 17) verbrachte, ließ August in Pillnitz ein Lust- und Spielschloss errichten, das sich zur Sommerresidenz des Dresdner Hofes entwickelte und Besucher damals wie heute in schieres Entzücken versetzt. Hier bilden Natur und Architektur eine perfekte Symbiose. In diesen Ort muss man sich einfach verlieben.

Heitere Architektur

Nach Plänen von Matthäus Daniel Pöppelmann entstanden ab 1720 westlich eines im 16. Jh. errichteten Renaissanceschlosses das Wasserpalais und das Bergpalais (S. 140). Eine gotische Kirche musste einem hölzernen Festsaal (»Venustempel«) mit angrenzenden Pavillons weichen. Wasser- und Bergpalais erhielten rund 70 Jahre später unter Oberlandbaumeister Christian Friedrich Exner ergänzende Flügelbauten. Das alte Schloss und der Venustempel fielen 1818 einem Brand zum Opfer. An ihrer Stelle wurde bis 1826 das dreiflügelige Neue Palais erbaut, das Christian Friedrich Schuricht in Anlehnung an die pöppelmannsche Architektur entwarf und mit einem klassizistischen Kuppelsaal, der katholischen

Oben: Der Englische Pavillon im Park von Schloss Pillnitz

Mitte: Schloss Pillnitz ist vom Stadtzentrum mit dem Raddampfer erreichbar.

Unten: Das Neue Palais beherbergt das Schlossmuseum.

Kapelle und Wirtschaftsräumen versah. Aus der Zeit vor August dem Starken blieb einzig die Löwenkopfbastei erhalten, bestehend aus den Grundmauern eines steinernen Lusthauses und einem elbseitig angebrachten Löwenkopf.

Das Pillnitzer Schloss gehört zu den architektonischen Kronjuwelen Dresdens. Im – vermeintlich – chinesischen Stil errichtet, sollten die Palaisbauten den Eindruck eines »indianischen Lustschlosses« vermitteln. Die doppelt geschwungenen Dächer, die gartenseitigen Säulenvorhallen mit ihrem reichen Kapitellschmuck und die überaus farbenprächtigen Chinoiserie-Malereien verleihen dem Ensemble einen heiter-exotischen Charakter. Als Hauptzugang konzipiert, wurde der Elbfront des Wasserpalais eine von Zacharias Longuelune entworfene Freitreppe vorgelagert, die von Mauern mit steinernen Sphinxen eingefasst wird.

Die Schlossanlage Pillnitz ist ein außergewöhnliches Ensemble aus Architektur und Gartengestaltung.

Kunstgewerbemuseum

Berg- und Wasserpalais beherbergen heute das zu den Staatlichen Kunstsammlungen Dresden (S. 48) gehörende Kunstgewerbemuseum. Da dem Sommerschloss die Heizung fehlt, ist es nur von Mai bis Oktober geöffnet. Dann sind hier einzigartige Beispiele des regionalen und internationalen Kunsthandwerks aus fünf Jahrhunderten zu besichtigen. In den frisch restaurierten klassizistischen Kaiserräumen im Bergpalais ist seit 2021 die Ausstellung »Gestaltung um 1800« zu sehen. Die weitere schrittweise Überarbeitung der Dauerausstellung in den kommenden Jahren wird neue Blickweisen auf die 60 000 Objekte umfassende Sammlung ermöglichen. Das Schaudepot Deutsche Werkstätten im Bergpalais ist den »Maschinenmöbeln« aus Hellerau (S. 170) gewidmet, die Anfang des 20. Jh. Design-Geschichte geschrieben haben.

Gartenkunst

Der Lustgarten zwischen Wasser- und Bergpalais, ab Mitte des 19. Jhs. auf Anregung von Peter Joseph Lenné umgestaltet, geht in den 28 ha großen Schlosspark über. Dieser trägt die Handschrift ganz verschiedener Auftraggeber und Gartengestalter. Schon die Gräfin Cosel hat hier Heckenquartiere, die sogenannten Charmillen, pflanzen lassen. Noch unter August dem Starken entstand bergseitig ein den höfischen Vergnügungen dienendes »Ringrenngebäude«. Seit dem Ausbau zur Orangerie in den Jahren 1879/1880 dient es als Winterquartier für einige Hundert Kübelpflanzen. Das Palmenhaus galt einst als das größte Gewächshaus Deutschlands. Im Lauf der Jahrhunderte wurde der Park erweitert. So entstanden zwischen 1778 und 1804 der Englische Garten samt Teich und Pavillon sowie der nach dem Chinesischen Pavillon benannte Chinesische Garten. Die botanische Attraktion des Schlossparks ist die Pillnitzer Kamelie: Die »Camellia japonica L.« gelangte als vermutlich 30-jährige Pflanze Ende des 18. Jhs. aus Japan über England nach Dresden, wo sie 1801 an ihren heutigen Standort gepflanzt wurde. Von Februar bis April trägt sie rund 35 000 karminrote Blüten.

KLEINE PAUSE

Wintergartencafé, Biergarten und Kaminrestaurant des Schlosshotels Pillnitz (S. 151) bieten Eis, Kaffee und Kuchen, bodenständig-deftige und gehobene Küche.

✛ 201 südöstl. F1

Besucherzentrum »Alte Wache«
(Tickets und Infos)
☎ 0351 2 61 32 60
⊕ www.schloesser
land-sachsen.de
🕐 April–Okt. 9–18, Nov.–März 10–16 Uhr
🚌 Bus 63 Pillnitzer Platz
🎫 Museumsticket für beide Museen, Schlosspark und Pflanzenhäuser 12 €, Schlosspark und Palmenhaus April–Okt.

(ohne Museen) 5 €, Nov.–März Schlosspark frei zugänglich (Freier Eintritt für Inhaber der SchlösserlandKARTE + 2 Kinder unter 17 Jahren)

Schlosspark
🕐 tägl. 6 Uhr bis Einbruch der Dämmerung

Schlossmuseum
☎ 0351 2 61 32 60
🕐 Mai–Okt. Di–So 10–17, Nov.–April Sa, So 11–14 Uhr (im Winter nur

stündliche Führungen 🎫 12 €)

Kunstgewerbemuseum
✉ Schloss Pillnitz
☎ 0351 49 14 20 00;
⊕ www.skd.museum
🕐 Mai–Okt. Di–So 10–17 Uhr

Großes und Kleines Wächterhaus und Trompeterhaus
3 Ferienhäuser im Schlosspark, Buchung über Besucherzentrum

❼ ★★ Elbschlösser

Warum?	Märchenschlösser, idyllische Parks, fantastische Ausblicke
Was?	Steigen Sie dem Lingnerschloss aufs Dach
Wie lange?	2 Stunden, mit Einkehr länger
Wann?	Nachmittags, wenn das Foto-Licht am besten ist
Was noch?	Flammkuchen und Wein in der Straußwirtschaft von Winzer Lutz Müller
Was nehme ich mit?	Den Sonnenuntergang über dem Elbtal

Das repräsentative Schloss Albrechtsberg

Am Elbhang zwischen City und Blauem Wunder (S. 144) stehen inmitten einer Parklandschaft drei Schlösser aus der Mitte des 19. Jhs. Prinz Albrecht von Preußen ließ bis 1854 Schloss Albrechtsberg errichten. Der dreistöckige Bau mit den zwei quadratischen Ecktürmen wurde von Schinkel-Schüler Adolph Lohse im Stil römischer Renaissancevillen entworfen. Treppen führen von der Gartenterrasse zum Römischen Bad. Das Schlossinnere mit Kassettendecken, damastbespannten Wänden und venezianischen Kronleuchtern kann man bei Veranstaltungen (S. 153) und Führungen erleben. Eine Ausstellung im Torhaus informiert über die Geschichte des Schlosses (tägl. 10–18 Uhr, Eintritt frei).

200 m östlich steht das weitaus bescheidenere Domizil seines Kammerherrn Baron von Stockhausen. Als der Dresdner Industrielle Karl August Lingner (S. 122) das Anwesen 1906 erwarb, wurde aus der Villa Stockhausen das Lingnerschloss (S. 153). Der Odol-König fand seine letzte Ruhestätte in einem Mausoleum im hauseigenen Weinberg. Er vererbte das Schloss der Stadt Dresden, heute kümmert sich ein Förderverein um die Nutzung.

Gleich nebenan liegt auf einem Hangsporn über der Elbe das neogotische Schloss Eckberg, das 1859 bis 1861 der Semperschüler Christian Friedrich Arnold für den Großkaufmann John Daniel Souchay erbaute; heute beherbergt es ein nobles Hotel (S. 185). Die Weinberge unterhalb der Elbschlösser bewirtschaftet Winzer Lutz Müller (S. 137). Im Keller des historischen Kavaliershauses von Schloss Albrechtsberg gibt es einen Hofladen, und an Sommerwochenenden kann man in der Straußwirtschaft Flammkuchen und »Weine mit Weitblick« genießen. Jedes Jahr im Juli findet in den stimmungsvoll illuminierten Parks rund um die Elbschlösser die Dresdner Schlössernacht statt.

In dem neogotisch-verspielten Schloss Eckberg befindet sich heute ein Hotel.

KLEINE PAUSE

Einkehr mit Aussicht bieten Restaurant und Biergarten (März-Okt.) der Lingnerterrassen des Lingnerschlosses.

☩ 200 C5
✉ Bautzner Str. 130–134
🚋 Straßenbahn 11 Wilhelminenstraße oder Elbschlösser

Schloss Albrechtsberg
☎ 0351 8 11 58 21 ⊕ www.schloss-albrechtsberg.de
❶ Okt.-April Führungen an ausgewählten Sonntagen 🍂 8 €

Lingnerschloss
☎ 0351 6 46 53 82 ⊕ www.lingnerschloss.de
❶ Ausstellung und Dachterrasse April-Okt. Mo–Fr 13–18, Sa, So 11–18, im Winder bis 17 Uhr
🍂 3 €

Winzer Lutz Müller
☎ 0351 3 28 92 17 ⊕ www.winzer-lutz-mueller.de

❶ Straußwirtschaft April-Okt. Sa, So 11–19 Uhr, Hofladen auch Mi–Fr ab 13–19 Uhr, im Winter am Wochenende Bratwurst und Glühwein am Hofladen

Dresdner Schlössernacht
⊕ www.dresdner-schloessernacht.de

❽ ★★ Körnerplatz

Der einstige Dorfplatz der Gemeinde Loschwitz ist benannt nach Christian Gottfried Körner, dem Vater des Dichters Theodor Körner, dessen Familie nicht weit von hier residierte. Am Ende des 19. Jhs. musste die ländliche Bebauung am Körnerplatz vierstöckigen Mietshäusern weichen. Grund dafür war eine neue Verkehrsverbindung zwischen den östlich von Dresden gelegenen und damals noch selbstständigen Gemeinden Blasewitz und Loschwitz. Bei ihrer Einweihung 1893 trug die Loschwitzer Elbbrücke kurz den Namen König Alberts, bekannt wurde sie jedoch als Blaues Wunder. Bei einem Abstecher hinüber zur Blasewitzer Elbseite können Sie die Aussicht auf die Elbwiesen und die 1 km

Ihren Kosenamen verdankt die stählerne Hängebrücke, seinerzeit eine technische Spitzenleistung, dem hellblauen Anstrich.

stromabwärts gelegenen Elbschlösser (S. 142) genießen. Am linkselbischen Brückenkopf erinnert eine Gedenktafel an zwei mutige Männer, die 1945 die Sprengung der Brücke verhinderten.

Rund um den Schillerplatz gibt es zahlreiche Läden sowie Cafés und Restaurants. Im Shoppingcenter »Schillergalerie« befindet sich zudem ein Cinemaxx-Kino.

Dichter, Maler und Musiker

Der von stattlichen Gründerzeitbauten gesäumte Körnerplatz auf der Loschwitzer Elbseite muss heutzutage jede Menge Verkehr ertragen. Beim Spaziergang durch die angrenzenden ruhigeren Straßen lassen sich einige kulturhistorisch interessante Plätze entdecken. Der Dichter Theodor Körner verbrachte im Weinberghaus der Eltern im Körnerweg 6 die Sommer seiner Kindheit. Zwischen 1785 und 1801 logierte Friedrich Schiller mehrfach im Körnerhaus und im Gartenhaus der Familie in der heutigen Schillerstraße. Hier schrieb er am »Don Carlos« und an der »Ode an die Freude«. Als kleinstes Museum der Stadt Dresden erinnert das Schillerhäuschen (S. 146) an den Aufenthalt des Dichters am Elbhang.

Das Leonhardi-Museum präsentiert in einer Dauerausstellung Werke des Spätromantikers Eduard Leonhardi und zeitgenössische sächsische Kunst.

Vom Körnerplatz die Grundstraße aufwärts stößt man rechter Hand auf ein auffälliges Fachwerkhaus. Um 1880 kaufte Eduard Leonhardi – Tintenfabrikant, Landschaftsmaler und Mäzen – die stillgelegte Hentschel-Mühle, ließ sie zu einem Atelierhaus umbauen und taufte sie auf den Namen »Rote Amsel«. Selbst ein Schüler Ludwig Richters, förderte er junge Künstler wie Robert Sterl und Max Pietschmann. Die Gestaltung der Fassade mit allerlei Sinnsprüchen und Ornamenten stammt von Charles Palmié.

In der vom Körnerplatz abgehenden Friedrich-Wieck-Straße (S. 135) stehen mehrere Fachwerkhäuser mit Galerien und Läden. Im Haus Nr. 10, schräg gegenüber, lebte von 1840 bis 1873 Friedrich Wieck, Vater der berühmten Pianistin Clara Schumann (Ehefrau von Robert Schumann). Der stei-

nerne Pavillon auf dem Platz davor – von den Dresdner Senf-
büchse genannt – ist ein Denkmal für einen Lebensretter.

Hoch hinaus

Gipfelstürmern bieten sich gleich zwei Optionen: Vom Körnerplatz führt die 1895 eröffnete Standseilbahn hinauf zum
Weißen Hirsch (S. 148). Und nur wenige Meter weiter geht es

mit der Schwebebahn von
der Pillnitzer Landstraße
ins 84 m höher gelegene
Oberloschwitz (gläserner
Aufzug zur Aussichts-
plattform). Am Hang ne-
ben der Talstation der
Schwebebahn, 2,50 m
über Straßenniveau, steht
die 1705–1708 errichtete
Loschwitzer Kirche von

An den roman-
tischen Fach-
werkhäusern
vorbei geht es
zur Talstation
der Standseil-
bahn und zur
Schwebebahn
(im Hinter-
grund).

Johann Christian Fehre und George Bähr (S. 22). Die barocke
Dorfkirche brannte 1945 (S. 18) aus, nach der Wende erfolgte
der originalgetreue Wiederaufbau. 2002 fand der berühmte
Nosseni-Altar aus der im Krieg beschädigten und 1962 abge-
rissenen Dresdner Sophienkirche hier einen würdigen Platz.

Jedes Jahr am letzten Juni-Wochenende wird zwischen
Loschwitz und Pillnitz das Elbhangfest (S. 26, 193) gefeiert.

KLEINE PAUSE
Zeit für einen kulinarischen Abstecher: Der Kuchen des
Kaffee Wippler am Körnerplatz 2 ist zu empfehlen – ob auf
die Hand oder im Café bei einem Latte Macchiato.

✛ 201 E3/4 🚉 Straßen-
bahn 6, 12, Bus 63, 65, 85
Schillerplatz, Bus 61, 63;
Standseilbahn,
Schwebebahn
(Körnerplatz)

Schillerhäuschen
✛ 201 E4 ✉ Schillerstr. 19
🕐 Ostern–Sept. Sa, So
10–17 Uhr ⊕ www.
museen-dresden.de

✒ Eintritt frei, Spende
erwünscht

Leonhardi-Museum
✛ 201 E4 ✉ Grundstr. 26
☎ 0351 2 68 35 13
⊕ www.leonhardi
-museum.de 🕐 Di–Fr
14–18, Sa, So 10–18 Uhr
✒ 4 € (Fr ab 14 Uhr frei,
außer feiertags)

Loschwitzer Kirche
✛ 201 E3 ✉ Pillnitzer
Landstr. 9
☎ 0351 2 15 00 50
⊕ www.loschwitzer
-kirche.de 🕐 tägl. 8–18
Uhr (im Winter bis
Sonnenuntergang)

Dem Himmel ganz nah

Fünf prickelnde Minuten dauert die Fahrt mit der historischen Schwebebahn den Elbhang hinauf nach Oberloschwitz. Mit dem Fahrstuhl geht es dann noch auf die Aussichtsplattform auf dem Dach der Bergstation. Der Rundumblick auf das Blaue Wunder, das Villenviertel Weißer Hirsch und die elbabwärts gelegene City mit der winzig scheinenden Frauenkirche (und manchmal auch eine frische Brise) wird Ihnen den Atem rauben.

Talstation in der Pillnitzer Landstraße gleich neben dem Körnerplatz, April–Okt. tägl. 9.30 bis 20 Uhr, im Winter bis 18 Uhr, Berg- und Talfahrt 6 €

Nach Lust und Laune!

34 Weißer Hirsch

Das Nobelviertel oberhalb des Blauen Wunders (S. 144) – benannt nach einem nicht mehr existierenden Gasthof – machte sich vor rund 100 Jahren als Kur- und Wohnort der Reichen einen Namen. Heute leben in den zahlreichen Villen gern Geschäftsleute, Künstler und Akademiker. Der Universalwissenschaftler Manfred von Ardenne führte auf dem »Hirsch« das einzige private Forschungsinstitut der DDR. Das einstige Lahmann-Sanatorium für gut betuchte Kurgäste, nach 1945 als sowjetisches Lazarett genutzt, wurde zu einem »Wohnpark« mit hochwertigen Eigentumswohnungen umgebaut. Eine Fahrt mit der Standseilbahn führt vom Körnerplatz über 95 Höhenmeter und einer Streckenlänge von 563 Meter hinauf in das Villenviertel. An der oberen Station genießt man im Restaurant Luisenhof (S. 151) die Aussicht.

✛ 201 E/F5 🚋 Straßenbahn 11 Plattleite, Standseilbahn

35 Josef-Hegenbarth-Archiv

Von 1921 bis 1962 lebte und arbeitete der Maler und Grafiker Josef Hegenbarth am Elbhang. Seine Witwe vermachte Haus und künstlerischen Nachlass dem Dresdner Kupferstich-Kabinett. In den Räumen werden wechselnde Ausstellungen mit Werken des Künstlers gezeigt. Das ehemalige Atelier des Künstlers kann man im Rahmen von Führungen besuchen. Alle Handzeichnungen wurden digitalisiert (www.josef-hegenbarth.de).

✛ 201 E3 ✉ Calberlastraße 2 ☎ 0351 49 14 32 11 od. 0351 49 14 20 00 🌐 www.skd.museum.de 🕐 Do nur nach Voranmeldung, So 15–18 Uhr 🚌 Bus 63 Calberlastr. 🎫 Eintritt frei €

36 Wachwitz

Vom Körnerplatz etwa 2 km flussaufwärts nähert sich die Pillnitzer Landstraße der Elbe. Hier liegt das 1930 eingemeindete Wachwitz mit sanierten Umgebinde- und Fachwerkhäusern sowie lauschigen Biergärten mit Elbblick. Am Elbhang stehen der Dresdner Fernsehturm, die Königliche Villa des letzten Dresdner Monarchen und das in den 1930er-Jahren für dessen Sohn Friedrich Christian erbaute Schloss Wachwitz. Der ab 1970 angelegte Rhododendronpark gehört zu den bedeutendsten seiner Art in Europa und lockt während der Blütezeit im Mai zahlreiche Besucher an. Direkt an der Bushaltestelle in der Pillnitzer Landstraße steht das in den Jahren 1897/1898 von Martin Pietzsch erbaute Künstlerhaus: Wohnungen und Ateliers im Stil der Reformarchitektur.

✛ 201 E/F2 🚌 Bus 63 Künstlerhaus, Josef-Hermann-Str., Altwachwitz

37 Weinbergkirche Zum Heiligen Geist

In den Weinbergen oberhalb des Pillnitzer Schlosses (S. 138) ließ August der Starke als Ersatz für die abgerissene Schlosskirche nach Entwürfen von Matthäus Daniel Pöppelmann ab 1723 ein evangelisches Gotteshaus errichten. Taufstein und Spätrenaissancealtar der alten Kirche fanden dort Platz. Der Barockbau mit seinen hohen Fenstern, dem steilen Walmdach und einem Glockenturm wurde in den 1990er-Jahren restauriert. Hier finden neben Gottesdiensten auch Ausstellungen und Konzerte statt.

✚ 201 südöstl. F1 ✉ Bergweg 3 ☎ 0351 2 61 85 77 ⊕ www.weinberg kirche.de ◗ April–Okt. Sa, So 13–17 Uhr Uhr ⛕ Bus 63 Rathaus Pillnitz

38 Schifferkirche Maria am Wasser

Seit über 600 Jahren steht das mehrfach umgebaute Gotteshaus am Ufer der Elbe und diente deshalb oft auch

Schifferkirche Maria am Wasser

den Andachten der Schiffer und Treidler. Ihr heutiges Aussehen mit dem barocken Dachreiter und der Turmzwiebel erhielt die beliebte Hochzeitskirche 1774. Sie ist zudem Ort für Ausstellungen und Konzerte.

✚ 201 südöstl. F1 ✉ Kirchgasse 6 ☎ 0351 2 61 83 30 ⊕ www.maria-am-wasser.de ◗ Offene Kirche tägl. ca. 10–18 Uhr ⛕ Bus 63 Van-Gogh-Straße

39 Carl-Maria-von-Weber-Museum

Bei einem Spaziergang mit seiner Frau im Frühjahr 1818 entdeckte der Komponist und Königlich-Sächsische Hofkapellmeister auf Lebenszeit an der Dresdner Oper Carl Maria von Weber das ehemalige Winzerhaus in Hosterwitz. Von 1822 bis 1824 diente es als Sommerhaus der Familie, hier entstanden Werke wie »Aufforderung zum Tanz« sowie die Opern »Der Freischütz«, »Euryanthe« und »Oberon«.

Da Webers Wohnung am Altmarkt 1945 (S. 18) zerstört wurde, ist das kleine Museum der einzige Dresdner Gedenkort mit einer Dauerausstellung über Leben und Werk des Komponisten. In Musikzimmer und Garten finden Konzerte und andere Veranstaltungen statt.

✚ 201 südöstl. F1 ✉ Dresdner Straße 44, Dresden-Hosterwitz ☎ 0351 2 61 82 34 ⊕ www.museen-dresden.de ◗ Mi–So 12–17 Uhr ⛕ Bus 63 Van-Gogh-Straße ✦ 4 €, Fr ab 12 Uhr frei (außer feiertags)

Wohin zum ...
Essen und Trinken?

Preise für ein Hauptgericht
ohne Getränke:

€   unter 15 €
€€   15–25 €
€€€   über 25 €

Café Toscana €
Der Klassiker unter den Dresdner Cafés,
1897 gegründet, benannt nach der sächsischen Kronprinzessin Luisa von Toscana und
direkt neben dem Blauen Wunder. Im Glas-
Tresen locken die Torten und Kuchen der
Konditorei Eisold, die Karte offeriert zudem
allerlei herzhafte Speisen und ein üppiges
Frühstücksangebot. Den besten Blick auf die
Elbe und Dresdens berühmteste Brücke haben Sie von den Terrassenplätzen.
✚ 201 D3 ✉ Schillerplatz 7
☎ 0351 3 10 07 44 ∰ www.cafe-toscana.de
🕐 tägl. 9–18 Uhr 🚋 Straßenbahn 6, 12, Bus 61,
63, 65 Schillerplatz

Charlottes Enkel €
Das vermutlich winzigste Café in Dresden:
Hausgemachte Mini-Cupcakes, Tartlettes
und Macarons sowie erlesene Kaffees serviert die kleine Espressobar am Schillerplatz, benannt nach Großmutter Charlotte.

✚ 201 D3 ✉ Loschwitzer Str. 58
☎ 0351 31 20 80 30 ∰ www.charlottesenkel.
com 🕐 Mo–Fr 8–18, Sa 9–16 Uhr
🚋 Straßenbahnlinie 6, 12, Bus 61, 63, 65 Schillerplatz

Clara – Kult(ur)kneipe €
Warme Farben, schlichte Möbel, guter Wein
und dazu passende Speisen – der richtige
Ort, um nach einem Elbhangbummel den
Tag ausklingen zu lassen, im gemütlichen
Gastraum oder auf der Terrasse.
✚ 201 E3 ✉ Friedrich-Wieck-Str. 20
☎ 0151 17 43 51 33 ∰ www.clara-genuss.de
🕐 Mi–Sa ab 17.30, So 11–16 Uhr
🚌 Bus 61, 63 Körnerplatz

Elbegarten €–€€
Unter dem Kastanienbaumdach dieses fast
schon legendären Biergartens versammelt
sich vor allem jüngeres Publikum bei Bier
und Cider, Thüringer Rostbratwurst oder
vegetarischem Flammkuchen. 2021 wurde
zudem das Elbegarten-Restaurant mit frischer saisonaler Küche und Terrassenplätzen eröffnet (Sonntags Brunch).
✚ 201 D3 ✉ Friedrich-Wieck-Straße 18
☎ 0351 26 31 17 89 (Biergarten), 2 10 64 43
(Restaurant) ∰ www.elbegarten.de
🕐 während der Saison tägl. 11–23 Uhr, Restaurant tägl. ab 11 Uhr 🚌 Bus 61, 63 Körnerplatz

Elbterrasse Wachwitz €€
Beliebtes Ausflugslokal an der Straße nach
Pillnitz, das vor allem Deftiges serviert:
Zwiebelrostbraten und Braumeisterschnit-
zel, aber auch Fischgerichte und Vegetarisches. Im Sommer sitzt man draußen im
schattigen Biergarten an der Elbe.
✚ 201 F1 ✉ Altwachwitz 14
☎ 0351 26 96 10 ∰ www.elbterrasse
-wachwitz.de 🕐 Sommer tägl. 12–21.30,
Winter Mi–So 12–21.30 Uhr 🚌 Bus 63 Altwachwitz

Erbgerichtsklause €–€€
Von der gemütlichen kleinen Wirtschaft und
dem lauschigen Biergarten direkt an der
Elbe aus kann man bei Hausmachersülze,
Rostbrätl, Bauernfrühstück oder einer Bratwurst die Fähre beobachten, die hier unermüdlich den Fluss kreuzt.
✚ 201 südöstl. F1 ✉ Pillnitzer Landstr. 170
☎ 0351 2 63 11 50 🕐 Di–Fr 17–21, Sa, So ab 12
Uhr, Biergarten wetterabhängig 🚌 Bus 63
Moosleite

Kleinert's Spezialitäten €€

Delikatessengeschäft und Lokal in einem. Auf der wöchentlich wechselnden Karte stehen frische saisonale Gerichte, dazu gibt es den passenden Wein.

♁ 201 E3, ✉ Friedrich-Wieck-Str. 45b ☎ 0351 263 36 95 ⊕ www.kleinerts-spezia litaeten.de ◷ Mi-So 12-22 Uhr 🚌 Bus 61, 63 Körnerplatz

Körnergarten €€

Der Name des traditionsreichen Gasthauses geht nicht auf die ortsansässige Dichterdynastie, sondern auf die Wirtsfamilie Körner zurück, die es vor über 100 Jahren führte. Die Küche ist bodenständig mit modernem Touch. Bei schönem Wetter begehrt: Die Plätze im Biergarten.

♁ 201 D3 ✉ Friedrich-Wieck-Str. 26 ☎ 0351 2 68 36 20 ⊕ www.koernergarten.de ◷ So-Do 11-22, Fr, Sa 11-23 Uhr 🚌 Bus 61, 63 Körnerplatz

La Campagnola €€-€€€

Ristorante im 1697 erbauten »Alten Fährgut«, in malerischer Lage nahe der Elbe. Im Sommer genießt man die gute Pasta e Pizza, Carne e Pesce am besten im Garten. Hübsche Pensionszimmer.

♁ 201 E3 ✉ Friedrich-Wieck-Str. 45 ☎ 0351 314 10 23 ⊕ www.la-campagnola -dresden.de ◷ Mo-Do 17-22.30, Fr-So ab 12 Uhr 🚌 Bus 61, 63 Körnerplatz

Luisenhof €€

Am Elbhang hoch über dem Blauen Wunder liegt Dresdens wohl berühmtestes Restaurant. Wer den Blick vom »Balkon Dresdens« genießen will, sollte rechtzeitig einen Tisch am Fenster reservieren oder sich einen Platz unter den Linden auf der Terrasse sichern. Die Küche pendelt zwischen klassisch und modern, im Winter gibt's eine Ossi-Karte mit typischen DDR-Gerichten. Der Sonntagsbrunch ist oft Wochen im Voraus ausgebucht.

♁ 201 E4 ✉ Bergbahnstr. 8 ☎ 0351 28 77 78 30 ⊕ www.luisenhof-in -dresden.de ◷ Mo-Fr 11-22, Sa 11-23, So 9-22 Uhr 🚌 Standseilbahn ab Körnerplatz, Straßenbahn 11 Plattleite

SchillerGarten €-€€

Namenspatron Friedrich Schiller soll hier der »Gustel von Blasewitz« begegnet sein. Restaurant und Café mit hauseigener Patisserie und Fleischerei. Im Biergarten für 850 Gäste stehen DDR-Klassiker wie der Goldbroiler und das von der Feldschlösschen-Brauerei wiederbelebte Männel-Bier auf der Karte.

♁ 201 D3 ✉ Schillerplatz 9 ☎ 0351 8 11 99 22 ⊕ www.schillergarten.de ◷ tägl. ab 11 Uhr 🚌 Straßenbahn 6, 12, Bus 61, 63, 65 Schillerplatz

Schloss Eckberg €€€

Die erstklassigen Kreationen von Küchenchef Martin Thomas werden im historischen Gartensaal oder dem schönen Wintergarten serviert. Von hier und der Terrasse hat man eine tolle Aussicht über die Stadt.

♁ 200 C5 ✉ Bautzner Str. 134 ☎ 0351 8 09 91 93 ⊕ www.schloss-eckberg.de ◷ Mo-Sa 12-22 Uhr 🚌 Straßenbahn 11 Elbschlösser

Schlosshotel Pillnitz €-€€€

Zum Schlosshotel gehören das Wintergarten-Café, im Sommer ein stets gut besuchter Biergarten und das edle Kaminrestaurant, in dem sächsische Tradition auf internationale Kochkunst trifft. Im eleganten Ambiente wird Wein vom Pillnitzer Winzer Klaus Zimmerling serviert.

♁ 201 südöstl. F1 ✉ August-Böckstiegel-Str. 10 ☎ 0351 2 61 40 ⊕ www.schloss hotel-pillnitz.de ◷ Café Di-So ab 12, im Winter ab 18 Uhr, Kaminrestaurant Di-So ab 18 Uhr, Biergarten Mai-Okt. Di-So ab 10 Uhr 🚌 Bus 63 Pillnitzer Platz

Villa Marie €€-€€€

Toskanisches Flair mit Blick auf den Elbhang und das Blaue Wunder von Terrasse und Garten. Die Villa überzeugt mit mediterran-schlichtem Ambiente und einer abwechslungsreichen italienischen Küche. Sonntags trifft man sich hier zum Brunch.

♁ 201 D3 ✉ Fährgässchen 1 ☎ 0351 31 54 40 ⊕ www.villa-marie.de ◷ Mo-Sa 11.30-22.30, So 11.30-21 Uhr 🚌 Straßenbahn 6, 12, Bus 61, 63, 65 Schillerplatz

Wohin zum ... Einkaufen?

RUND UM DEN KÖRNERPLATZ

Auf der Suche nach originellen Mitbringseln und Souvenirs werden Sie rund um den Körnerplatz garantiert fündig. Kunsthandwerk und Keramik bieten die hübschen Läden in der Friedrich-Wieck-Straße 3 und 7. Wer edlen oder auch ausgefallenen Schmuck schätzt, besucht die Goldschmiede von Constanze Maria Makolies (Friedrich-Wieck-Str. 11) und Titanblau (Körnerplatz 10). Viel Schönes für Wohnen mit Stil gibt es in der Lampenmanufaktur (Am Körnerplatz 1) mit historischen Lampen und Möbelbeschlägen, im Kleinod und im Loop (beide Dammstr. 1).

Der Sweetwater Recordstore (Friedrich-Wieck-Str. 4) ist der Jazz-, Rock- und Klassik-Spezialist unter Dresdens Plattenläden.

Drei Galerien haben Werke zeitgenössischer Künstler im Programm. Werfen Sie einen Blick in die Galerie am Damm (Körnerplatz 10), die Galerie Blaue Brücke (Friedrich-Wieck-Str. 5) und die Galerie Hieronymus (Friedrich-Wieck-Str. 11).

Im Advent verwandelt sich die Friedrich-Wieck-Straße in den stimmungsvollen Elbhangfest Weihnachtsmarkt..

SCHILLERPLATZ

Am Schillerplatz und in den umliegenden Straßen laden neben dem Shoppingcenter SchillerGalerie auch eine Reihe kleiner Läden zum Einkaufsbummel ein. Im N vogue (Schillerplatz 4) gibt es stilvolle Mode für trendbewusste Frauen, bei Anders & Anders (Hüblerstr. 4) lässig urbane Fashion for Men, bei Elathi Design (Loschwitzer Str. 58) edel-schlichten Schmuck.

WEISSER HIRSCH

In der Kunsthandlung Kühne (Plattleite 68) finden Sie viele Werke Dresdner Künstler des 18. bis 20. Jahrhunderts – Malerei und Grafik. Außerdem wird man auf der Suche nach Porzellan, Glas und Möbeln von Barock bis Biedermeier fündig.

Nicht zuletzt befindet sich auf dem »Hirsch« mit Foto Wolf (Bautzner Landstr. 11b) das schon seit Jahrzehnten beste Fotofachgeschäft der Stadt.

Galerien, Antiquitätenhändler und Cafés laden zum kurzweiligen Bummel ein.

Im Besucherzentrum und in mehreren Läden in einem Seitenflügel von Schloss Pillnitz können Sie nach Mitbringseln stöbern.

Wohin zum ... Ausgehen?

Auf Schloss Albrechtsberg (S. 142) finden Konzerte unter Federführung von Jan Vogler und genreübergreifende »Albrechtsberger Schlosskonzerte« statt. Im Sommer wird einmalig zur Schlössernacht geladen (www.dresdner-schloessernacht.de), mitunter gibt es zudem Musikalische Picknicks. Am »Tag des offenen Denkmals« im September gibt es die Mini-Büchermesse »Dresden (er)lesen« (www.dresden-erlesen.de).

Über die Events im Lingnerschloss (S. 143) – Konzerte, Vorträge, Lesungen, Ausstellungen, Führungen, Filme – informiert der Förderverein Lingnerschloss e.V. Es finden auch Benefizveranstaltungen zur Unterstützung der Schlosssanierung statt (Tel. 0351 6 46 53 82, www.lingnerschloss.de).

Von Mai bis Oktober bittet mehrmals in der Woche die Sommerwirtschaft Saloppe (Brockhausstr. 1, Tel. 0172 3 53 25 86, www.saloppe.de) das Partyvolk ins Grüne – Biergarten meets kultige Minidisko. Unterschiedlichste Partys gibt es auch im Parkhotel in Ballsaal, Blauem Salon und der schon zu DDR-Zeiten legendären Kakadu-Bar (Bautzner Landstr. 7, www.parkhotel-dresden.de). Highlight im März ist der Hutball (www.hutball.de) im Großen Ballsaal.

Gleich um die Ecke liegt der Konzertplatz Weißer Hirsch samt Waldbiergarten (Stechgrundstraße, www.konzertplatz-weisserhirsch.de). Hier gibt es im Sommer Konzerte, Theater und Familienveranstaltungen, im Winter eine Eislaufbahn.

Im Bräustübel bei 1001 Märchen (Körnerplatz 3, 0351 4 95 10 01, https://1001maerchen.de) stehen Märchen und Geschichten auf dem Spielplan..

In der Alten Feuerwache Loschwitz (Fidelio-Finke-Str. 4, 0351 2 67 86 26, www.feuerwache-loschwitz.de) veranstaltet ein Kunst- und Kulturverein Ausstellungen, und verschiedene Veranstaltungen von Konzert bis Puppentheater. (http://feuerwache-loschwitz.de).

Kleinkunst mit Panoramablick findet im Lingnerschloss statt.

Wie gemalt stehen sie da, die Felsen an der
Basteibrücke im Nationalpark Sächsische Schweiz.

Ausflüge

Lassen Sie sich verzaubern von Städtchen, Schlössern und einer wundervoll verwunschenen Mittelgebirgslandschaft!

Seite 154–167

Sächsische Schweiz

Was?	Autotour oder S-Bahnfahrt (S1)
Start	Dresden, Stadtmitte
Ziele	Pirna, Königstein, Kurort Rathen, Bad Schandau
Wann?	Zu jeder Jahreszeit
Länge	20–40 km
Dauer	1 Tag

Mit seinen Tafelbergen und zerklüfteten Felsen, mit tiefen
Schluchten und klaren Bächen, spektakulären Aussichten und
beschaulichen Kurorten zieht das Elbsandsteingebirge jedes
Jahr Hunderttausende Besucher in seinen Bann. Nur eine
Auto- oder eine halbe S-Bahnstunde von Dresden entfernt
trifft man auf eine zauberhafte Mittelgebirgslandschaft.

Im Sommer 1766 wanderten die Schweizer Maler Anton Graff und Adrian Zingg von Dresden die Elbe aufwärts. Die urwüchsige Gebirgswelt hinter Pirna erinnerte sie an den Schweizer Jura – so kam die Sächsische Schweiz zu ihrem Namen. Zusammen mit der Böhmischen Schweiz jenseits der deutsch-tschechischen Grenze bildet sie das Elbsandsteingebirge. Aus einer auf dem Boden eines Kreidezeitmeeres entstandenen, 600 m starken Sandsteinplatte schufen Flüsse und Wetterelemente hier über Jahrmillionen eine an Formen reiche einzigartige Felslandschaft. Noch unter der letzten DDR-Regierung wurden 1990 zwei räumlich getrennte rechtselbische Gebiete der Sächsischen Schweiz zum Nationalpark erklärt, 2000 kam ein angrenzendes Gebiet in der Böhmischen Schweiz hinzu.

Die Sächsische Schweiz ist ein Paradies für Kletterer. Weit über 20 000 Kletterwege führen auf über 1100 Gipfel. Sachsen gilt gar als Ursprungsland des Freeclimbing: Seit 1910 folgt man hier den Grundsätzen des »freien Kletterns« ohne Hilfsmittel. Wanderer und Naturliebhaber schätzen die Flora und Fauna und das über 1200 km umfassende Wegenetz. Auf dem Elberadweg (www.elberadweg.de) lässt sich die Sächsische Schweiz mit dem Fahrrad durchqueren.

Pirna

Das »Tor zur Sächsischen Schweiz« mit seiner historischen Altstadt ist ein mittelalterliches Kleinod, der Marktplatz zu Pirna noch fast so zu erleben, wie er von Canaletto vor über 250 Jahren gemalt wurde. In der Mitte des Platzes steht das 1396 erstmals erwähnte Rathaus mit seinen gotischen Portalen, den Renaissance-volutengiebeln und dem barocken Turm. Im Haus Am Markt 7, dem 500 Jahre alten Canalettohaus, befindet sich heute die Tourist-Info. Die Stadtkirche St. Marien ist eine 1502–1546 errichtete

Weihnachtsfeeling auf dem Marktplatz von Pirna

spätgotische Hallenkirche mit filigranen Netzgewölben und einer original erhaltenen Ausmalung. In den angrenzenden Straßen findet man stattliche Bürgerhäuser mit Giebeln und Erkern, Sitznischenportalen und reizvollen Höfen. Hoch über der Stadt thront auf dem Sonnenstein das 1269 erstmals erwähnte Schloss gleichen Namens. Während der Naziherrschaft diente ein Teil der Anlage als Euthanasie-Anstalt; an die 14 000 Ermordeten erinnert eine Gedenkstätte. Die Bastionen unterhalb des Schlosses sind Kulisse für den jährlichen Pirnaer Skulpturensommer.

Bastei und Kurort Rathen

Die Bastei, rund 190 m über der Elbe, ist die meistbesuchte Felsformation in der Sächsischen Schweiz. Von Lohmen oder Rathewalde kommend, erreicht man das Bastei-Areal über die Basteistraße, während der Saison per Shuttle-Bus. Zu einem Bastei-Besuch gehört neben dem Blick von der 2023 eingeweihten schwebenden Aussichtsplattform direkt über dem eigentlichen Felsen und einer Stärkung im Panoramarestaurant (Tel. 035024 77 90, tägl. 11 bis 22 Uhr) ein Spaziergang über die 1851 errichtete Basteibrücke. Ein schwindelerregender Rundweg durch die Reste der 1261 erstmals erwähnten

Die Basteibrücke ist das Wahrzeichen der Sächsischen Schweiz.

Felsenburg Neurathen bietet Ausblicke auf die benachbarten Felsen mit Namen wie Mönch, Lokomotive oder Höllenhund.

Zwei Wege verbinden den 350-Seelen-Kurort Rathen an der Elbe mit der Bastei: der kürzere bietet Aussichtspunkte, der längere führt durch die wildromantischen Schwedenlöcher. Im Amselgrund bildet der Grünbach den Amselfall und den Amselsee. Die Felsenbühne Rathen (S. 190) im Wehlgrund ist eine Spielstätte der Landesbühnen Sachsen und »Europas schönstes Naturtheater«. Zum Repertoire gehören Carl Maria von Webers »Freischütz«, Stücke nach Karl May, Märchen und Musicals. Wer ohne »Umweg« über die Bastei nach Rathen will, muss mit

S-Bahn oder Auto das linkselbische Oberrathen ansteuern
und mit der Gierseil-Fähre nach Niederrathen übersetzen.

Festung Königstein

Ende des 16. Jhs. begann der Ausbau einer ehemals böhmischen Burg zur Landesfestung der Wettiner. Im Laufe der
Jahrhunderte diente der militärisch
nie bezwungene Königstein als Vertei-
digungsanlage, Zuflucht für die sächsischen Herrscher samt Staatsschatz,
Kriegsgefangenenlager und Staatsge-
fängnis. Zar Peter I., Friedrich Wilhelm I. und Napoleon weilten hier, un-
freiwillige »Gäste« waren u. a. Johann
Friedrich Böttger, Michail Bakunin
und August Bebel.

   Seit 1955 ist das 9,5 ha große Fes-
tungsareal militärhistorisches Frei-
lichtmuseum mit Burganlagen und
Zeughäusern, mit Garnisonskirche,
dem ältesten erhaltenen deutschen Ka-
sernenbau von 1589/1590 und der Dauerausstellung »In lapide regis – Auf
dem Stein des Königs«. Ein Rundgang
entlang der 2,2 km langen Brustwehr bietet atemberau-
bende Ausblicke in die Umgebung und führt vorbei am
Hungerturm sowie der Friedrichsburg mit der rekonstruierten »Tischlein-deck-dich«-Tafel. In der historischen Fes-
tungsbäckerei werden Brot und Kuchen gebacken und im
Erlebnisrestaurant In den Kasematten kann man »Kulinarische Zeitreisen« (nach Anmeldung, Tel. 035021 6 44 44,
www.festung.de) unternehmen. An den Adventswochenenden findet ein stimmungsvoller Weihnachtsmarkt statt.

   Die Stadt Königstein, zu Füßen der Festung an der Mün-
dung der Biela in die Elbe gelegen, empfiehlt sich als Ausgangspunkt für Abstecher in das malerische Bielatal und zu
einigen der bekanntesten Felsmassive der Sächsischen
Schweiz – dem Quirl, dem Pfaffenstein mit der frei stehenden 43 m hohen Felsnadel Barbarine und dem Lilienstein
auf der gegenüberliegenden Elbseite.

Die Festung
Königstein ist
ein einzigarti-
ges Zeugnis der
europäischen
Festungsbau-
kunst.

Bad Schandau

Seit Beginn des 19. Jhs. erholen sich in dem beschaulichen rechtselbischen Städtchen Kur- und Badegäste. Am Markt steht die 1709 gebaute Kirche St. Johannes mit ihrem ursprünglich für die Dresdner Kreuzkirche geschaffenen Renaissancealtar. 1904 ließ der Hotelier Rudolf Sendig einen 50 m hohen frei stehenden Turm errichten, dessen noch heute betriebener Historischer Personenaufzug zur Ostrau-

er Scheibe mit ihren prächtigen Holzvillen führt. Im Nationalparkzentrum informieren interaktive Ausstellungen über die Nationalparkregion Sächsische Schweiz.

Eine elektrische Straßenbahn, die Kirnitzschtalbahn (ca. 9–19 Uhr alle 30 Min., im Winter kürzer und ca. stündl.), verkehrt seit 1898 von Bad Schandau zum Lichtenhainer Wasserfall neben dem gleichnamigen Ausflugslokal (Tel. 035971 5 37 33, Ostern–Okt. tägl. 10–22 Uhr, Nov., Dez., März kürzer (wetterabhängig), Jan.–Febr. geschl.).

Wanderwege führen zur Schrammsteinaussicht.

Nationalpark Sächsische Schweiz
✉ An der Elbe 4, Bad Schandau
☎ 035022 90 06 00
⊕ www.national park-saechsische-schweiz.de

NationalparkZentrum Sächsische Schweiz
✉ Dresdner Str. 2b, Bad Schandau
☎ 035022 5 02 40
⊕ www.nationalpark zentrum-saechsische-schweiz.de
❶ April–Okt. tägl. 9–18, Nov.–März Di–So 9–17

Uhr; Jan. geschl.
✦ 4 €

Felsenbühne Rathen (Landesbühnen Sachsen)
✉ Wehlgrund
☎ 0351 8 95 42 14
⊕ www.landesbuehnen -sachsen.de
❶ Theaterkasse (035024 77 70) Mai–Sept., 3 h vor Vorstellungsbeginn, 2h bei Vormittags-Vorstellungen

Festung Königstein
☎ 035021 6 46 07;

⊕ www.festung-koenig stein.de ❶ April–Okt. 9–18, Nov.–März 9–17 Uhr, letzter Einlass 1 Std. vor Schließung
✦ April–Okt. 12 €+ Adventswochenenden 15 €, sonst 13 €, mit Schlösserlandkarte frei

Historischer Personenaufzug Bad Schandau
✉ Rudolf-Sendig-Str.
❶ Mai–Sept. tägl. 9–20, April, Okt. 9–18, Nov.–März 9–17 Uhr ✦ 1.80 €, hin & zurück 2,80 €

Auf dem Stein des Königs

Mit dem gläsernen Aufzug hoch hinauf auf die Festung Königstein – schon das ist ein Erlebnis! Oben bieten sich bei einem Rundgang entlang der Brustwehr immer neue spektakuläre Aussichten auf die Elbe und die prächtigen Tafelberge des Elbsandsteingebirges. Atemberaubend wird es auf der Nord-Ost-Seite: Im Elbtal liegt Königstein, wie eine Spielzeugstadt auf einer Modellbahnanlage. Und gegenüber ragt der Tafelberg Lilienstein aus der Ebene empor – majestätisch, ob bei Sonnenschein oder in mystische Nebelschwaden gehüllt.

Meißen

Was?	Autotour oder Fahrt mit der S-Bahn (S1)
Start	Dresden, Stadtmitte
Ziel	Meißen
Wann?	Jederzeit
Länge	25 km
Dauer	1 Tag

Die heutige Porzellan- und Weinstadt ist die Wiege Sachsens. Während seines Feldzuges gegen die Slawen gründete König Heinrich I. anno 929 hier an der Elbe die Burg Misni. 160 Jahre später fiel die Markgrafschaft Meißen an die Wettiner, die bis 1918 über Sachsen herrschten.

Auf dem Burgberg, hoch über der Stadt und dem Fluss, thronen der Dom zu Meißen und die Albrechtsburg, der erste Schlossbau im deutschsprachigen Raum. 1470 erteilten die gemeinsam regierenden Brüder Ernst und Albrecht von

Wahrzeichen der Porzellanstadt: Albrechtsburg und Dom zu Meißen.

Wettin dem Baumeister Arnold von Westfalen den Auftrag zur Errichtung eines repräsentativen Herrschaftssitzes mit genug Platz für zwei Hofhaltungen. Nach der Landesteilung in eine ernestinische und eine albertinische Linie verlor die neu erbaute Residenz jedoch an Bedeutung. Im Jahr 1710 quartierte August der Starke die gerade gegründete erste europäische Porzellanmanufaktur (S. 179) in der Albrechtsburg ein. Nach der Verlagerung der Porzellanproduktion wurde das Schloss 1881 zum Museum umgewandelt.

Die spätgotische Architektur mit ihren Vorhangbogenfenstern und den kunstvollen Zellengewölben hat die Jahrhunderte ohne nennenswerte Veränderungen überdauert.

Besonders beeindruckend ist der Große Wendelstein, ein der Hoffassade vorgelagerter Treppenturm; die Ausmalung der Säle mit Historienbildern stammt aus dem 19. Jahrhundert. Eine Dauerausstellung informiert über Geschichte und Architektur des Schlosses, über das Haus Wettin und die einstige Nutzung als Porzellanmanufaktur.

Der ab etwa 1250 erbaute Dom zu Meißen ist ein Meisterwerk der Gotik. Die beiden 81 m hohen neugotischen Westtürme, zugleich Wahrzeichen der Stadt, wurden erst 1908 vollendet. Vor der Westfassade mit dem reich geschmückten Portal befindet sich die im 15. Jh. angefügte Begräbniskapelle der Wettiner, südlich des Hohen Chores der Kreuzgang mit seinem schönen Zellengewölbe. Von herausragender künstlerischer Bedeutung sind das Altartriptychon aus der Werkstatt von Lukas Cranach d. Ä. und die sieben Skulpturen des Naumburger Meisters, darunter die Stifter des Bistums Meißen, Kaiserin Adelheid und Kaiser Otto I. Wer sich einmal wie der Glöckner von Notre-Dame fühlen möchte, sollte an einer der Turmführungen teilnehmen. Auf dem 500 m langen historischen Rundweg entlang der Außenmauern von Albrechtsburg und Dom bieten sich reizvolle Ausblicke auf das Elbtal und die Meißner Altstadt.

Meissener Porzellan gilt als eine der ältesten und bekanntesten Marken der Welt.

Vom Turm der Frauenkirche aus zeigt sich der Marktplatz in seiner mittelalterlichen Schönheit.

Alte Häuser, Wein und Porzellan

Zu einem Meißen-Besuch gehört natürlich auch ein ausgiebiger Bummel durch die verwinkelten Gassen und über die Treppen der mittelalterlichen Stadt. Am Markt steht neben restaurierten Renais-

sancebürgerhäusern das spätgotische Rathaus mit seinem hohen Dach und den drei Zwerchgiebeln. Vom Turm der

1457 errichteten <u>Frauenkirche</u> in der Süd-
westecke des Platzes erklingt das älteste
Porzellanglockenspiel der Welt. Eine Institution ist das neben der Kirche gelegene
<u>Restaurant Vincenz Richter</u> mit einer 500
Jahre währenden Tradition als Zunfthaus
und Schankwirtschaft.

Nach der »Erfindung« des europäischen Hartporzellans durch den Apothe-
kergehilfen Johann Friedrich Böttger und
den Naturforscher Ehrenfried Walther
von Tschirnhaus 1708 gründete August
der Starke 1710 die <u>Porzellan-Manufaktur
Meissen</u>. Seit dem Auszug aus der Albrechtsburg erfolgt die Produktion des

Gemütlich sitzt
man im Hof des
Traditionsres-
taurants Vin-
cenz Richter.

»Weißen Goldes« mit den gekreuzten Blauen Schwertern im
Meißner Triebischtal. Die <u>Erlebniswelt Haus Meissen</u> fungiert als Besucherzentrum. In der neoklassizistischen Schau-
halle des <u>Meissen Porzellan-Museums</u> wird die weltweit umfangreichste Sammlung Meissener Porzellans gezeigt. In der
Schauwerkstatt und bei einer »Manufaktour« können die
Besucher die Entstehung des Meissener Porzellans beobachten. Sonderausstellungen, der MEISSEN Store mit breiter
Produktpalette und ein Café & Restaurant runden das Angebot ab.

 Albrechtsburg
✉ Domplatz 1 (Parkdeck
unterhalb des Burg-
bergs, Personenaufzug)
☎ 03521 4 70 70
⊕ www.albrechtsburg-
meissen.de ◑ März–Okt.
tägl. 10–18, Nov.–Feb.
tägl. bis 17 Uhr ⏺ 12 €
(mit Schlösserlandkarte
Eintritt frei), Kombiticket
mit Dom 16,50 € Kombi-
ticket mit Porzellanma-
nufaktur 20 €

Dom zu Meißen
✉ Domplatz 7
☎ 03521 45 24 90

⊕ www.dom-zu-
meissen.de ◑ April tägl.
10–18, Mai–Okt. 9–18,
Nov.–März tägl. 10–16
Uhr; Turmführungen
April–Okt. 13–16 stdl.;
Mittagsorgelmusik
Mai–Okt. Mo–Sa
12–12.30, zahlreiche
Konzerte ⏺ 6 € (ohne
Führung oder Musik),
Kombiticket mit
Albrechtsburg 16,50 €

**Vincenz Richter –
Restaurant**
✉ An der Frauen-
kirche 12 ☎ 03521 45 32 85

⊕ www.vincenz-
richter.de ◑ Di–Do 17–22,
Fr, Sa 12–22, So 12–16 Uhr

**Staatliche Porzel-
lan-Manufaktur Meissen**
✉ Talstr. 9
☎ 03521 46 82 08
⊕ www.meissen.com
◑ April–Dez. tägl. 9–18,
Jan.–März tägl. 9–17 Uhr
⏺ 12 €, Kombiticket mit
Albrechtsburg 20 €

Moritzburg

Was?	Autotour
Start	Dresden, Stadtmitte
Ziel	Moritzburg
Wann?	Jederzeit
Länge	13 km
Dauer	1 Tag

Inmitten einer reizvollen Landschaft aus sanften Hügeln, lauschigen Wäldern und künstlich angelegten Teichen liegt Moritzburg mit seinem prächtigen Schloss.

Im Auftrag Augusts des Starken und entworfen von dessen Haus- und Hofarchitekten Pöppelmann entstand das barocke Jagd- und Lustschloss Moritzburg ab 1723. Das Schlossmuseum beeindruckt mit weitgehend original erhaltenen Räumen, historischen Ledertapeten und einer Jagdtrophäensammlung. Eine kunsthandwerkliche Kostbarkeit ist das Moritzburger Federzimmer Augusts des Starken mit Prachtbett und Wandteppichen. Als jüngste Attraktion werden in der Barockausstellung Teile des Schatzes der Wettiner präsentiert, der von Hobbyschatzsuchern Mitte der 1990er-Jahre in den Moritzburger Wäldern entdeckt worden war.

Idyllisch liegt Schloss Moritzburg inmitten eines angelegten Teichs.

Von Dezember bis Februar wird das Barock- zum Märchenschloss: Die Winterausstellung mit Begleitprogramm zu dem teilweise hier gedrehten deutsch-tschechischen Kultfim »Drei Haselnüsse für Aschenbrödel« lockt jedes Jahr Tausende Fans jeden Alters an. Auf der östlichen Schlosstreppe erinnert eine Messingversion von Aschenbrödels Schuh an den Klassiker (Zeitfenstertickets online buchen).

Kultur und Natur

2 km östlich des Schlosses liegt das um 1770 errichtete reizvolle Fasanenschlösschen mit kleinem Besucherzentrum und Café (Mai-Okt. Di-So, nur Führungen, Infos unter Tel. 035207 87 36 10). Der »Hafen« mit Mole und Leuchtturm am nahen Großteich diente einst als Kulisse für maritime Vergnügungen des sächsischen Hofes. Unweit davon beherbergt das im 17. Jh. angelegte Wildgehege heute 30 heimische Tierarten in naturnahen, weitläufigen Gehegen (Fernglas mitnehmen).

Das Fasanen-
schlösschen
im chinoisen
Rokoko-Stil
kann besichtigt
werden.

Die Grafikerin und Bildhauerin Käthe Kollwitz (S. 36) verbrachte die letzten Monate bis zu ihrem Tod im April 1945 in Moritzburg. Das Käthe Kollwitz Haus erinnert mit grafischen Zyklen, Plastiken, Fotografien und Dokumenten an die Künstlerin.

Mehr als 20 000 Zuschauer erleben jährlich an drei Septemberwochenenden die Hengstparaden des Landgestüts Moritzburg. Jeden August findet das Moritzburg Festival (S. 194) statt, ein international renommiertes Kammermusikfest (www.moritzburgfestival.de).

Schloss Moritzburg
☎ 035207 8 73 18
⊕ www.schloss-
moritzburg.de
❶ Barockausstellung:
Ostern–Okt. tägl. 10–18;
Winterausstellung Mitte
Dez.-Ende Feb. Di-So
10–17.30 Uhr, vor und
nach der Winterausstel-
lung ca. 2 Wochen
geschlossen ✦ 12 €, mit
Schlösserlandkarte
Eintritt frei, Fasanen-
schlösschen 8 €

Wildgehege Moritzburg
✉ Radeburger Straße 2
☎ 035207 89 51 61

⊕ www.wildgehege-
moritzburg.sachsen.de
❶ März–Okt. tägl. 9–18,
Nov.–Feb. Sa, So (und in
den Winterferien tägl.)
9–16 Uhr ✦ 5 €, Parken
2 €

Käthe Kollwitz Haus
✉ Meißner Str. 7
☎ 035207 8 28 18
⊕ www.kollwitz-
moritzburg.de
❶ April–Okt. Mo–Fr 11–17,
Sa, So 10–17, Nov.–März
Mi–Fr 11–16, Sa, So 10–16
Uhr ✦ 5 €

**Landgestüt
Moritzburg
(Hengstparade)**
✉ Schlossallee 1/
Hengstparadeplatz
☎ 035207 89 01 01
⊕ www.saechsische-
gestuetsverwaltung.de
✦ Überdachte
Tribünenplätze
(vorbestellen über
Hotline 030 6 78 01 11),
✦ 29–38 €

Radebeul

Was?	Autotour, Fahrt mit der S-Bahn (S1) oder der Straßenbahn 4
Start	Dresden, Stadtmitte
Ziel	Radebeul
Wann?	Täglich, außer montags
Länge	5 km
Dauer	1 Tag

Die Weinberge an den Hängen der Lößnitz und ein Schriftsteller haben die Kleinstadt berühmt gemacht.

Von 1896 bis zu seinem Tod 1912 lebte Karl May (S. 21) in Radebeul. Sein Wohnhaus, die Villa Shatterhand, beherbergt das Karl-May-Museum, die Villa Bärenfett im Garten die Ausstellung »Indianer Nordamerikas«. Jedes Jahr im Mai finden in Radebeul die Karl-May-Festtage statt.

Im Weinbaumuseum Hoflößnitz oder im Sächsischen Staatsweingut Schloss Wackerbarth kann man sich über die regionale Weinbautradition informieren und edle Tropfen verkosten. Altkötzschenbroda mit seinen Weinlokalen ist nicht nur während des Herbst- und Weinfestes einen Besuch wert. Der Lößnitzdackel, eine dampfbetriebene Schmalspurbahn, verkehrt zwischen Radebeul-Ost und Radeburg (Tel. 035207 8 92 90, www.loessnitzgrundbahn.de).

Ein Fest für die Sinne: Belvedere im Park von Schloss Wackerbarth

Karl-May-Museum
✉ Karl-May-Str. 5
☎ 0351 8 37 30 10
⊕ www.karl-may-museum.de ⏱ Di-So 10-18 Uhr 🎟 10 €

Weinbaumuseum Hoflößnitz
✉ Knohlweg 37
☎ 0351 8 39 83 31
⊕ www.hofloessnitz.de
⏱ Di-So 10-18 Uhr
🎟 3,50 €

Schloss Wackerbarth
✉ Wackerbarthstr. 1
☎ 0351 8 95 50 ⊕ www.schloss-wackerbarth.de
⏱ Gutsmarkt April-Dez. Mo-Sa 10-19, So 11-19, Jan.-März tägl. 11-19 Uhr
🎟 Führungen mit Verkostung ab 17 €

Aktiv und auf grünen Pfaden lässt sich Dresden mit
dem Rad und zu Fuß erkunden.

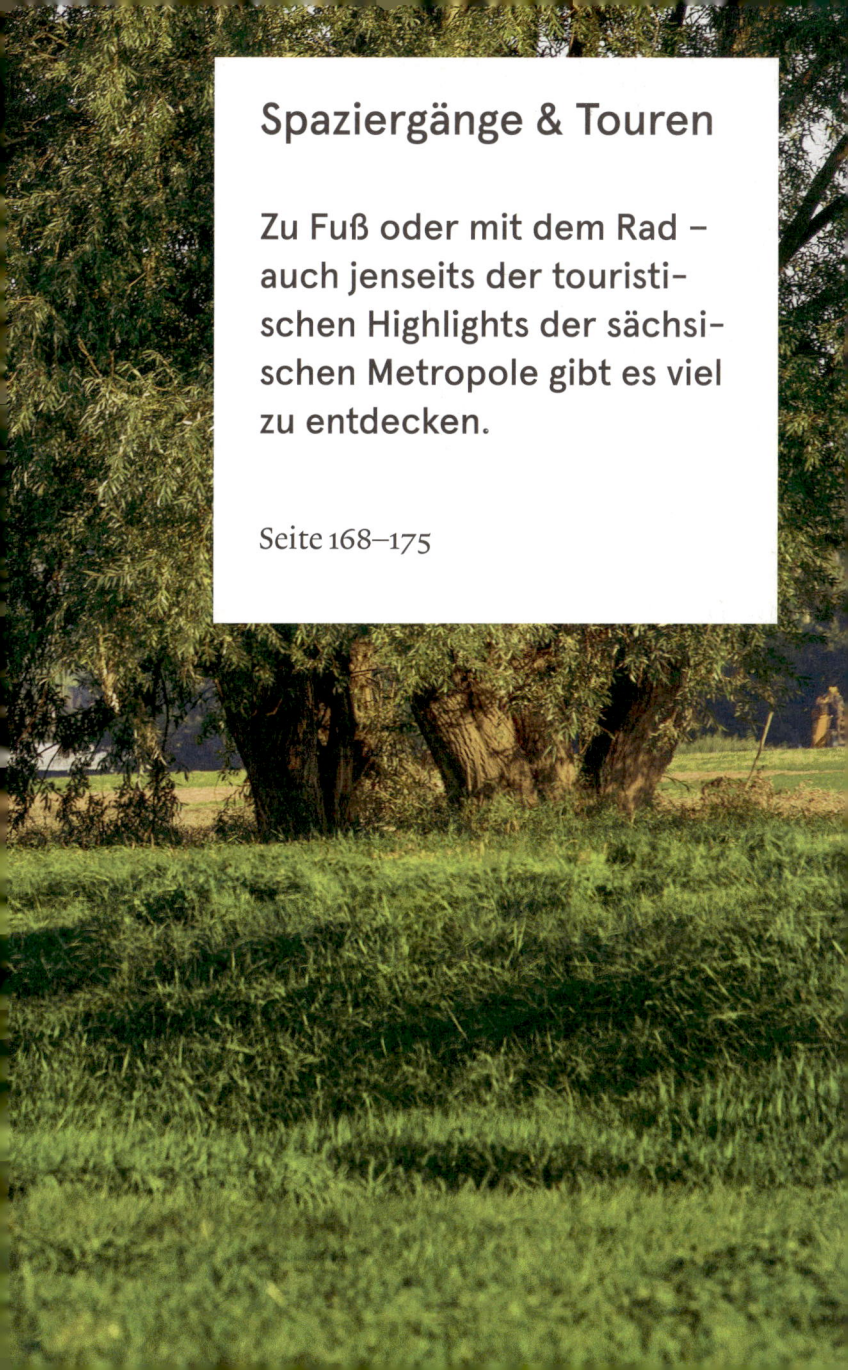

Spaziergänge & Touren

Zu Fuß oder mit dem Rad –
auch jenseits der touristi-
schen Highlights der sächsischen Metropole gibt es viel
zu entdecken.

Seite 168–175

Durch die Gartenstadt Hellerau

Was?	Spaziergang
Start	Deutsche Werkstätten Hellerau am Moritzburger Weg
Ziel	über das Landhausviertel zurück zum Start
Wann?	Tagsüber
Länge	3 km
Dauer	2 Stunden

Ab 1908 entstand im Dresdner Norden eine der ersten Gartenstädte, geprägt durch sozialreformerische Ideen von Karl Schmidt, Wolf Dohrn und Richard Riemerschmid.

1–2

Beginnen Sie den Spaziergang an den Deutschen Werkstätten Hellerau. Verlassen Sie das Gelände durch den Torbogen und wenden Sie sich nach links. Das Wohnhaus Karl Schmidts finden Sie am Moritzburger Weg Nr. 69.

1910 begann in den Deutschen Werkstätten Hellerau von Karl Schmidt die Serienproduktion von Möbeln.

2–3

Der Architekt Richard Riemerschmid war für die Gesamtkonzeption der Gartenstadt verantwortlich. Am Grünen Zipfel entstanden ab 1909 seine Reihenhäuser des Kleinhausviertels. An der Ecke zum Moritzburger Weg steht die historische Waldschänke Hellerau (heute Bürgerzentrum).

3–4

Der Grüne Zipfel endet am Markt. Von den Plänen Riemerschmids wurde nur die imposante Häuserzeile auf der Südwestseite verwirklicht, die restlichen Gebäude entstanden 1929/1930. Leckere Wegzehrung gibt's beim Hellerauer Marktbäcker (Di–Fr 6–18, Sa 6.30–11 Uhr).

4–5

Die meisten Häuser »Beim Gräbchen« stammen – wie auch die Kleinhäuser »An der Winkelwiese« und »Am Dorffrieden« – von Architekt Hermann Muthesius.

5–6

Werfen Sie »Am Sonnenhang« einen Blick auf die Musterhaussiedlung der Deutschen Werkstätten.

6–7

Gehen Sie am Talkenberg entlang und folgen Sie dem Heideweg bis zum 1911/1912 erbauten Festspielhaus Hellerau. Der Musikpädagoge Émile Jacques-Dalcroze richtete dort die Bildungsanstalt für Rhythmische Gymnastik ein. Heute residiert hier HELLERAU – Europäisches Zentrum der Künste Dresden.

7–8

Schlendern Sie durch das Landhausviertel zu den Deutschen Werkstätten zurück. Bemerkenswert sind die Jaques-Dalcroze-Villa von Riemerschmid (Auf dem Sand 10), das von ihm selbst entworfene Wohnhaus Tessenows (Tännichtweg 2) und das Haus Dohrn (Tännichtweg 9a) von Theodor Fischer.

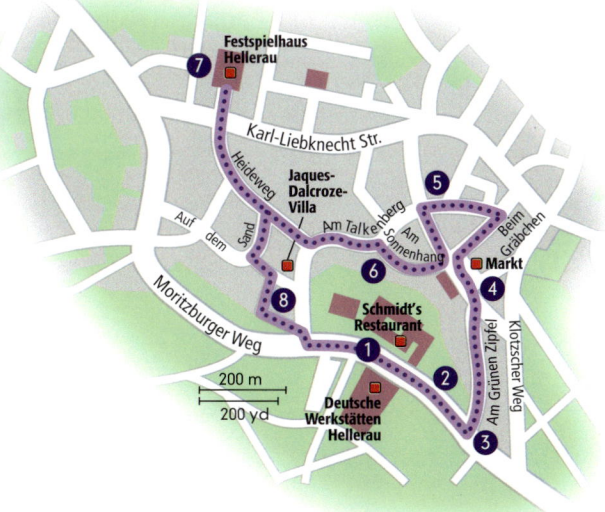

Durch die Friedrichstadt

Was?	Radtour
Start	Volksfestgelände an der Marienbrücke
Ziel	Yenidze
Wann?	Bei schönem Wetter
Länge	4 km
Dauer	2–3 Stunden

Sie grenzt im Westen an die Altstadt – die nach Friedrich August II. benannte, 1835 nach Dresden eingemeindete Friedrichstadt. Obwohl das geschichtsträchtige Stadtviertel am 13. Februar 1945 schwer getroffen und nur teilweise wiederaufgebaut wurde, gibt es auf der Fahrradtour Interessantes zu entdecken: historische Industriearchitektur, alte Friedhöfe und Zeugnisse einstiger barocker Pracht.

1–2

Starten Sie Ihre Tour am elbabwärts hinter der Marienbrücke gelegenen Volksfestgelände, auf dem seit 2004 die Vogelwiese sowie die Frühjahrs- und Herbstfeste stattfinden. Gegenüber liegt der Sportpark Ostra mit dem gerade ausgebauten Heinz-Steyer-Stadion, der JOYNEXT Arena für Eissport, der BallsportARENA und weiteren Sportanlagen. Biegen Sie rechts in die Pieschener Allee ein, die nach etwa 800 m halb links in den Schlachthofring mündet. Das Naturdenkmal

Auf dem Friedhof der Matthäuskirche fanden zahlreiche Berühmtheiten ihre letzte Ruhestätte.

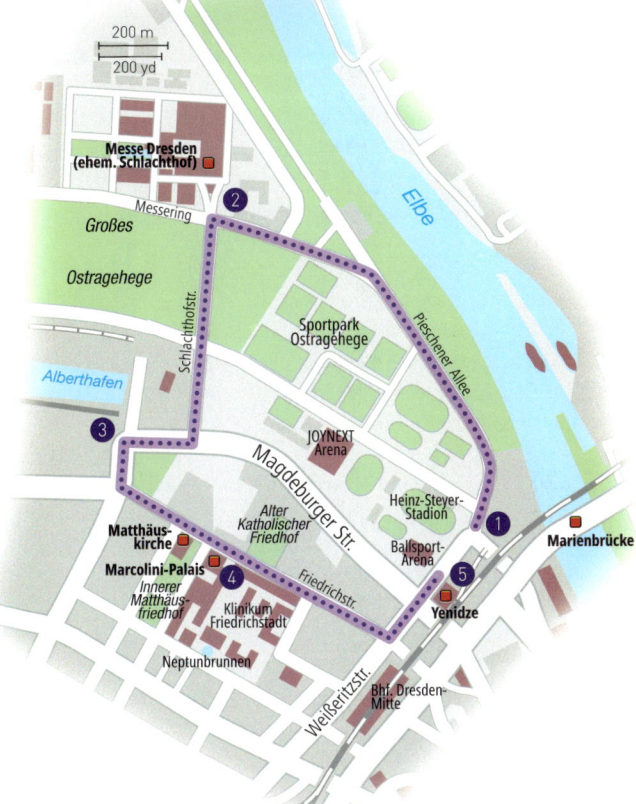

Pieschener Allee besteht aus einer vierreihigen Lindenallee, die zu Zeiten Augusts des Starken angelegt und bis zu den Elbwiesen (S. 106) weitergeführt wurde.

1906–1910 entstand im Ostragehege – einst Jagdrevier der sächsischen Kurfürsten – der damals modernste und größte Vieh- und Schlachthof Deutschlands. Der von Hans Erlwein (S. 23) entworfene Komplex ist wie eine Siedlung angelegt und verblüfft durch seinen ländlich-beschaulichen Charakter. Der Schornstein der Kraftstation wurde mit einem massigen Baukörper umhüllt, der in seiner Form an eine barocke Kirche erinnert. Der amerikanische Schriftsteller Kurt Vonnegut, der als Kriegsgefangener hier die Bombardierung Dresdens erlebte, schrieb in den 1960er-Jahren den Roman »Schlachthof 5 oder der Kinderkreuzzug«.

Teile des 1995 stillgelegten Schlachthofes wurden ab Ende der 1990er-Jahre zur Messe Dresden (www.messe-dresden.de) sowie mit Ostra-Dome und Ostra-Studios (www.ostra-dome.de) zu einem Zentrum der Eventkultur umgebaut. In den Hallen und auf einem Open-Air-Gelände finden Konzerte, Festveranstaltungen, Kongresse und Tagungen statt.

2–3

Die Schlachthofbrücke führt über die Wiesenlandschaft der Altstädter Flutrinne, die vor 100 Jahren als Entlastungskanal für die Hochwasser der Elbe angelegt wurde. Den südlichen Abschluss des Ostrageheges bildet der 1891–1895 gebaute und nach König Albert benannte Elbhafen mit seinem

1100 m langen und 150 m breiten Hafenbecken. Die nach dem Zweiten Weltkrieg aufgeschüttete Trümmerhalde auf der Hafen-Ostseite gibt inzwischen einen guten Aussichtshügel ab. Neben dem Alberthafen liegt ein weiterer markanter Industriebau: Die Hafenmühle mit dem 64 m hohen Siloturm wurde 1913 im Auftrag der Dresdner Müllerdynastie Bienert errichtet.

3–4

Über die Magdeburger Straße geht es nun in die Friedrichstraße. Die einst bedeutendste Straße der Friedrichstadt hat schon bessere Zeiten gesehen, ist kulturhistorisch aber noch immer interessant. Die evan-

Auf dem Alten Katholischen Friedhof befindet sich das Grab des Komponisten Carl Maria von Weber.

gelisch-lutherische Matthäuskirche (S. 22) entstand 1728 bis 1730 nach Entwürfen von Matthäus Daniel Pöppelmann, der 1736 in der Gruft seine letzte Ruhestätte fand. Auf dem angrenzenden Inneren Matthäusfriedhof wurden u. a. Johann Andreas Schubert, Erbauer der ersten deutschen Lokomotive, Wilhelm Walther, Schöpfer des Fürstenzugs (S. 38), und Ludwig Bramsch bestattet, dessen berühmte Spirituosenfabrik über 170 Jahre in der Friedrichstraße 56 ihren Sitz hatte.

Das benachbarte Marcolini-Palais beherbergt heute das Städtische Klinikum Friedrichstadt. Es entstand 1736 als Landsitz des Grafen Brühl und wurde später nach Plänen von Johann Daniel Schade und Johann Gottfried Kuntsch für den kurfürstlichen Kammerherrn Camillo von Marcolini umgebaut. Im Garten steht der Neptunbrunnen; die bedeutendste barocke Brunnenanlage Dresdens wurde 1744 von Lorenzo Mattielli nach Entwürfen Longuelunes geschaffen.

Auf dem 1721 angelegten Alten Katholischen Friedhof finden Sie kulturgeschichtlich bedeutende barocke und klassizistische Grabstätten. Gottfried Semper (S. 22) schuf die Gruft der Familie des Komponisten Carl Maria von Weber, der Bildhauer Balthasar Permoser (S. 20) sein eigenes heute in der Kapelle aufgestelltes Grabmal.

In der Friedrichstraße entdecken Sie die Spuren diverser Berühmtheiten. Im Marcolini-Palais nahm 1813 Napoleon Quartier und komponierte Richard Wagner an seinem Lohengrin. In Nr. 44 wurde der Maler Adrian Ludwig Richter geboren und in Nr. 46 lebte der Erfinder und Konstrukteur Johann Andreas Schubert.

Die Orientalische Tabak- und Zigarettenfabrik wurde mit einer farbig verglasten Kuppel und Schornsteinen versehen, die als Minarette getarnt waren.

4–5

Den krönenden Abschluss der Tour bildet das eigenwilligste Bauwerk des Stadtteils: Die Yenidze in Form einer Moschee mit Minaretten entstand 1907–1909 im Auftrag des Dresdner Industriellen Hugo Zietz. Architekt Martin Hammitzsch flog wegen des umstittenen Entwurfs aus der Reichsarchitektenkammer. Zu DDR-Zeiten Tabakkontor der volkseigenen Zigarettenindustrie, beherbergt die Yenidze heute Büroräume, das Kuppelrestaurant mit dem höchstgelegenen Biergarten Dresdens samt schönem Rundumblick und das »Yenidze Theater« direkt unter der Glaskuppel.

Ausblick vom Turm der Frauenkirche. Mit dem Velotaxi werden alle Sehenswürdigkeiten schnell erreicht.

Praktische Informationen

Was vor der Reise wichtig ist, wie Sie vor Ort gut zurechtkommen und viele wichtige Infos mehr erfahren Sie hier.

Seite 176–194

Auskunft

Touristeninformation:

Telefonisches Service Center der Dresden Information: ☎ 0351 50 15 01 ⊕ www.dresden.de/tourismus ⊕ info@dresden.travel ❶ Mo–Fr 9–18, Sa 9–17 Uhr

Dresden Information an der Frauenkirche: ✉ Neumarkt 2, im Untergeschoss der QF-Passage ❶ Mo–Fr 10–19, Sa 10–18, So 10–15 Uhr (Jan./Feb. Mo-Sa 10-18, So 10 bis 15 Uhr)

Dresden Information im Hauptbahnhof ✉ Wiener Platz 4 ❶ Mo–So 9–19 Uhr

Websites

www.dresden.de: Die offizielle Homepage der Stadt. Touristische Informationen gibt es unter www.dresden.de/tourismus.

www.skd.museum: Museen, Ausstellungen und Veranstaltungen der Staatlichen Kunstsammlungen Dresden.

www.museen-dresden.de: Neun städtische Museen (u.a. das Stadtmuseum und die Technische Sammlungen) sowie die Städtische Galerie in einem gemeinsamen Internet-Auftritt.

www.schloesserland-sachsen.de: Touristisches Portal zu allen Schlössern und Burgen des Freistaats Sachsen.

www.dvb.de & www.vvo-online.de: Die Dresdner Verkehrsbetriebe und der Verkehrsverbund Oberelbe mit ÖPNV-Infos rund um Dresden und Umgebung.

www.cybersax.de: Onlineversion des Stadtmagazins »SAX« mit Veranstaltungskalender und Infos zu Stadt- und Kulturpolitik.

www.saechsische.de: Die Netz-Ausgabe der Sächsischen Zeitung.

www.augusto-sachsen.de: Ausgehen in Sachsen – Veranstaltungskalender, Restaurantfinder, Ticketservice.

www.dnn.de: Die Website der Dresdner Neuesten Nachrichten informiert über das aktuelle Stadtgeschehen.

www.neustadt-ticker.de: Das »Neustadt-Geflüster« ist das Online-Magazin für die Neustadt mit Geschichten und zahlreichen Tipps rund um Dresdens Szeneviertel.

www.dresdennightlife.de: Partys, Konzerte, Veranstaltungen in Dresden und Umgebung. **www.kinokalender.com:** Alle Filme in den Stadtkinos in übersichtlichem Programm.

Schweizer Honorarkonsulat: ✉ Könneritzstraße 11, 01067 Dresden ☎ 0351 43 83 29 90 ⊕ www.eda.admin.ch

Ermäßigungen

Viele kulturelle und touristische Einrichtungen bieten ermäßigte Tickets, z. B. für Studenten, Arbeitslose, Schwerbehinderte oder Senioren. In den **Museen der Staatlichen Kunstsammlungen** haben Kinder und Jugendliche unter 17 Jahren freien Eintritt, die **Museen der Stadt Dresden** (u.a. Stadtmuseum, Kügelgenhaus, Technische Sammlungen) sind freitagnachmittags für alle kostenlos.

Lohnend sind die **Dresden Welcome Cards**. Die **City Card** bietet freie Fahrt mit Bus und Bahn in Dresden (sowie mit der Linie 4 bis Radebeul) plus Ermäßigungen bei zahlreichen Partnern, mit der **Regio Card** wird das Angebot auf das Dresdner Umland erweitert. Beide Cards gibt es für 1, 2 oder 3 Tage, als Einzel- und Familiencard. (Preisbeispiele: City Card 2 Tage, Einzel/Familie 21/30 €, Regio Card 2 Tage, Einzel/Familie 39/54 €). Mit der **Museums Card** haben Sie freien Eintritt in die Museen der Staatlichen Kunstsammlungen (außer Historisches Grünes Gewölbe und Kunstgewerbemuseum) und erhalten überdies verschiedene Ermäßigungen (nur für Einzelpersonen, an zwei aufeinanderfolgenden Tagen gültig, 25 €). Erhältlich sind die Karten bei den Tourist-Informationen und als Print@Home-Ticket unter www.dresden.de/tourismus.

Die **Schlösserland-Karte** berechtigt zum freien Eintritt in zahlreiche sächsische Schlösser, Burgen und Parks (u.a. Albrechtsburg Meißen, Schloss Moritzburg, Festung Königstein) und gilt für zehn Tage (30 €, 2. Karte 7,50 € Rabatt), auch als App.).

Feiertage

1. Januar: Neujahr
Karfreitag, Ostermontag
1. Mai: Tag der Arbeit
Christi Himmelfahrt

Pfingstmontag
3. Oktober: Tag der Deutschen Einheit
31. Oktober: Reformationstag
Mitte November: Buß- und Bettag
25./26. Dezember: Weihnachten

Geld
Für die Schweiz: 1 € = ca. 0,97 CHF; 1 CHF = ca. 1,02 € (tägl. Kurs: www.oanda.com).

Unter der einheitlichen Sperrnotruf-Nummer 116 116 (www.sperr-notruf.de) kann man Bank- und Kreditkarten, SIM-Karten, Online-Banking-Zugänge sowie die elektronische Identitätsfunktion des Personalausweises bei Verlust sperren lassen. Für Österreich gelten aus dem Ausland die Telefonnummern 0800 0 70 61 38 (Mastercard) und 0800 20 02 88 (Visa). Die Schweiz hat keine einheitliche Notfallnummer; die wichtigsten sind: +41 44 6 59 69 00 (Swisscard); 001 636 7 22 71 11 (Mastercard); +41 58 9 58 83 83 (VISECA); +41 44 8 28 32 81 (PostFinance).

Gesundheit
Ärztlicher Bereitschaftsdienst: ☎ 116 117 (bundeseinheitliche Nummer)
Apothekennotdienst: siehe tagesaktuellen Aushang an allen Apotheken
Bahnhof Apotheke: ✉ Hauptbahnhof, Wiener Platz 4 (Eingang Bayerische Str.) ⊕ 0351 26 73 19 60 ◐ Mo–Fr 7–22, Sa, So 8–22 Uhr
Saxonia Apotheke – Internationale Apotheke: ✉ Prager Str. 8a ◐ 0351 4 90 49 49 ◐ Mo–Fr 8–19, Sa 10–18 Uhr
Universitätsklinikum Carl Gustav Carus: Notdienste und Akutsprechstunden unter www.uniklinikum-dresden.de/de/notaufnahme, Zentrale Notaufnahme Haus 32 ☎ 0351 4 58 24 25, (chirurg./kinderchirurg.-, HNO-, Neuro-, Augennotfälle); Haus 27 ☎ 0351 4 58 22 21 (internist., urolog., dermatolog. Notfälle); Anfahrt über Augsburger/Fiedlerstraße oder Pfotenhauerstraße
Zahnärztlicher Notdienst: Haus 28 ☎ 0351 4 58 36 70 ◐ Sa, So und Feiertage, 24h

In Kontakt bleiben
Post: Auch in Dresden ist das Filialnetz der Deutschen Post merklich geschrumpft. Die Lücken werden teilweise von DHL-Paketshops geschlossen. Zentrumsnahe Filialen mit dem Post-Komplettservice gibt es am Antonsplatz 1 (Altstadt, gleich hinter der Altmarktgalerie, Mo–Fr 9.30–19 Uhr, Sa 9.30 bis 12.30 Uhr) und in der Königsbrücker Str. 21-29 (Äußere Neustadt, Mo–Fr 9.30–19 Uhr, Sa 10–13 Uhr).

WLAN und Internet: Alle Hotels bieten mittlerweile einen Internetzugang an, meist kostenlos. Mit Smartphone oder Tablet kann man sich inzwischen zumeist drahtlos einloggen. WLAN-Hotspots gibt es auch in vielen Cafés und anderen öffentlichen Einrichtungen. Internetcafés verschwinden dagegen auch in Dresden inzwischen von der Bildfläche.

Reisezeit
Ein Dresden-Besuch lohnt sich zu jeder Jahreszeit. Hauptreisezeiten sind die Monate Mai bis Oktober sowie der Dezember. Die Tallage beschert Dresden ein mildes Klima, im Hochsommer allerdings bisweilen auch recht schwüle Tage. Am schönsten sind die Monate Mai und Juni – dann steht die Stadt im wahrsten Sinne in voller Blüte, das Leben verlagert sich nach draußen, und Biergärten wie Stadtfeste haben Hochkonjunktur. Im September und Oktober locken goldene Herbsttage und Weinfeste in der Umgebung, im Dezember eine festlich geschmückte Stadt mit dem berühmten Striezelmarkt (S. 126) und einem knappen Dutzend weiterer stimmungsvoller Weihnachtsmärkte, u.a. auf der Prager Straße und an der Frauenkirche.

Notrufe
Polizei ☎ 110
Feuerwehr und Krankenwagen ☎ 112

Allgemeiner Deutscher Automobilclub (ADAC): Pannenhilfe ☎ 089 20 20 4000
Automobilclub von Deutschland (AvD): Notruf 0800 9 90 99 09
ACE Auto Club Europa: Euronotruf ☎ 0711 5 30 34 35 36

Sicherheit

In der Äußeren Neustadt haben die nach wie vor ungebremste Zunahme an Nachschwärmern und die Wiedereinführung des Alkoholverkaufs in den Spätshops zuletzt zu mehr Problemen als noch vor wenigen Jahren geführt. No-Go-Areas gibt es allerdings weder hier noch im Rest der Stadt. Die Zahl der Taschendiebstähle liegt in Dresden zwar unter der anderer Großstädte, dennoch sollte man vor allem bei großen Menschenansammlungen wie dem Stadtfest (S. 26) oder dem Striezelmarkt (S. 126) gegen Langfinger gewappnet sein

ANREISE

Dresden ist eine überschaubare Halbmillionenstadt. Egal, ob Sie mit Flugzeug, Bahn oder Auto in die Elbmetrople reisen, der Weg ins Zentrum ist unkompliziert und kurz.

... mit dem Flugzeug

Dresdens Flughafen liegt im Stadtteil Klotzsche am nördlichen Stadtrand, ca. 9 km von der City entfernt. Zentrale Flughafenauskunft: ☎ 0351 8 81 33 60 ⊕ www.mdf-ag.com.

Der Flughafen ist an das Netz der Dresdner **S-Bahn** angebunden. Die Linie S2 verkehrt halbstündlich, die Fahrt bis Bahnhof Dresden-Neustadt dauert 12 Minuten, bis Hauptbahnhof 20 Minuten. Bus und Straßenbahn bringen Sie in etwa 35 Minuten in die Innenstadt: Mit dem Bus der Linie 77 fahren Sie bis zur Haltestelle Infineon Nord und steigen dort in die Straßenbahn Linie 7 in Richtung Pennrich (www.vvo-online.de, www.dvb.de). Die Fahrt mit dem Taxi ins Stadtzentrum dauert je nach Tageszeit und Verkehrssituation 15–30 Minuten und kostet ca. 35 € (Tel. 0351 211 211, www.taxi-dresden. de oder Taxi App). Mit dem Auto geht es über die Karl-Marx-Straße, die Königsbrücker Landstraße und die Königsbrücker Straße ins Stadtzentrum.

... mit der Bahn

Fernzüge halten direkt südlich der Innenstadt an dem nach Plänen von Sir Norman Foster modernisierten Hauptbahnhof, die aus Richtung Norden und Osten zumeist auch am rechtselbischen Bahnhof Neustadt. **Bahninformationen:** Service-Hotline Tel. 030 29 70, www.bahn.de; Hauptbahnhof-DB-Information in der Haupthalle vor den Tiefgleisen tägl. 6–22.30 Uhr; Fundservice-Hotline Tel. 030 5 86 02 09 09, www. fundservice.bahn.de, Fundsachen-Abholung am Schalter im Warteraum der Südhalle (Di, Fr 12–18 Uhr), Mobilitätsservice Tel. 030 65 21 28 88 (24 Std.).

... mit dem Auto

Für die Anfahrt aus nördlicher (A13 von Berlin) und östlicher (A4 von Görlitz) Richtung empfiehlt sich die Ausfahrt Dresden-Hellerau, aus westlicher Richtung (A4 von Eisenach) die Ausfahrt Dresden-Altstadt. Wer aus Richtung Prag auf der A17 anreist, kommt über die Ausfahrt Dresden-Südvorstadt am schnellsten ins Zentrum.

... mit dem Schiff

Verschiedene Veranstalter bieten Schiffsreisen mit Station in Dresden an.

UNTERWEGS IN DRESDEN

Dresden verfügt über ein gut ausgebautes Netz an Straßenbahn- und Buslinien. S- und Regional-Bahnen führen von Dresden aus ins Umland. Der Ausbau des Fahrradwegenetzes geht – wenn auch langsam – voran, größere Ost-West-Entfernungen lassen sich gut auf dem Elberadweg bewältigen. Stadtrundfahrten kann man per Bus, Rikscha, »Trabi«, Kutsche oder Pferdeomnibus und sogar mit dem Dampfer unternehmen.

Öffentlicher Nahverkehr

Wichtigstes Verkehrsmittel im Stadtzentrum ist die **Straßenbahn** mit zwölf regulären Linien. Knotenpunkte sind der Pirnaische Platz und der Postplatz. Die Bahnen verkehren tagsüber im Abstand von zumeist 10 Minuten, zwischen 24 und 5 Uhr halbstündlich bzw. stündlich.

Stadtbusse verkehren vor allem in den äußeren Stadtbezirken auf 29 Linien. Einige

Busse fahren rund um die Uhr (nachts stündlich), andere nur tagsüber. Die Linien 62 und 68 kreuzen das Stadtzentrum.

Mit dem **Anruflinientaxi** (Alita) werden auf bestimmten Strecken zu Zeiten geringer Nachfrage Taxis als Ersatz für Straßenbahnen und Busse eingesetzt. Die Alitas müssen 20 Minuten vor der gewünschten Abfahrt bestellt werden (Tel. 0351 8 57 11 11), kommen dann zur angegebenen ÖPNV-Haltestelle und kosten genauso viel wie ein normaler Fahrschein.

Drei **S-Bahnlinien** verbinden das Stadtzentrum mit den Flughafen, den Außenbezirken und dem Umland. Die **S 1** führt vom Hauptbahnhof in die Sächsische Schweiz bis nach Schöna und in die Gegenrichtung über den Bahnhof Neustadt nach Meißen, die **S 2** von Pirna über den Hauptbahnhof, Bahnhof Mitte und Bahnhof Neustadt zum Flughafen, **S 3**, **RE 3** und **RB 30** über Freital bzw. Tharandt bis nach Freiberg.

Für Ausflüge in die schöne Umgebung Dresdens stehen zahlreiche **Regional-Bahnen und -busse** zur Verfügung. Zwischen Radebeul Ost und Moritzburg/Radeburg verkehrt eine dampfbetriebene Schmalspurbahn, die **Lößnitzgrundbahn** (auch liebevoll »Lößnitzdackel« genannt) mit regulärem Fahrplan und Sonderfahrten mit dem Traditionszug (www.loessnitzgrundbahn.de, www.traditionsbahn-radebeul.de).

Die **Standseilbahn** verkehrt vom Körnerplatz zum Weißen Hirsch (Mo–Fr ca. 6.30–21, Sa/So ca. 9–21 Uhr, Nov.–März kürzer), die **Schwebebahn** von der Pillnitzer Landstraße nahe dem Körnerplatz nach Oberloschwitz (tägl. ca. 10–20 Uhr, Nov.–April kürzer). Die Bahnen fahren alle 10–15 Minuten. Tickets: 4 € (Einzelfahrt), 6 € (Berg- und Talfahrt).

Infos rund um den ÖPNV erteilen die **Dresdner Verkehrsbetriebe AG (DVB):** Tel. 0351 8 57 10 11, www.dvb.de. Das DVB-Kundenzentrum ist am Postplatz 1 im Wilsdruffer Kubus (Mo–Fr 10–18 Uhr). Innerstädtische Servicepunkte der DVB gibt es auch am Hauptbahnhof/Wiener Platz (Mo–Fr 10 bis 13, 14–17.30 Uhr) an der Prager Straße. Den **Verkehrsverbund Oberelbe (VVO)** erreicht man unter: Tel. 0351 8 52 65 55, www.vvo-online.de. DVB und VVO bieten Gratis-Apps für Smartphones an.

Fahrscheine

Das gesamte Stadtgebiet Dresden ist eine von 21 Tarifzonen des Verkehrsverbundes Oberelbe. Lassen Sie sich bei Fahrten über die Stadt- und Tarifzonengrenzen hinaus am besten in einem der DVB-Servicepunkte beraten. Die Tickets gelten für Busse und Bahnen. Fähren und Bergbahnen erfordern gesonderte Fahrscheine. Infos über alle TouristenTickets (Tages-, Gruppen- und Kombi-Tickets) finden Sie unter www.dvb.de (Stichwort »Tickets« und dann »Touristen«). Und natürlich gilt im ÖPNV auch in Dresden das Deutschlandticket für 49 €.

Fahrscheine kaufen kann man in den Servicezentren, an Ticketautomaten an den allermeisten Haltestellen und an Fahrkartenschaltern der beteiligten Verkehrsunternehmen. An den Automaten in Fahrzeugen und bei Fahrern im Stadtverkehr gibt es nur ausgewählte Fahrscheine. Handy-Tickets gibt es über www.handyticket.de und App. Alle im Vorverkauf erworbenen Fahrscheine (Abo- und Jahreskarten ausgenommen) müssen bei Fahrtantritt entwertet werden. **Einzelfahrscheine** für eine Zone (entspricht ganz Dresden) kosten 3 € und gelten ab Entwertung eine Stunde. Es darf beliebig oft umgestiegen werden. Bei den günstigeren **4er-Karten** zu 10,60 € muss pro Zone und Stunde ein Feld entwertet werden. Kinder von 6 bis 14 Jahren zahlen einen ermäßigten Preis. **Kurzstreckentickets** gibt es ausschließlich als 4er-Karten zu 7 € und nur zum Normalpreis. Ein entwertetes Feld berechtigt zur Fahrt bis zur vierten Haltestelle nach Zustieg. Umsteigen ist nicht erlaubt. **Tageskarten** für 8 € lohnen sich ab drei Fahrten. Wie auch die **Familientageskarten** (für maximal 2 Erw. und 4 Kinder von 6 bis 14 Jahren) für 12,20 € gelten sie ab Entwertung bis 4 Uhr des Folgetages. Bei mehreren Fahrten am Tag lohnen sich die verschiedenen **Dresden Welcome Cards** (S. 178). Für längere Aufenthalte empfiehlt sich der Kauf einer **Wochen-** oder **Monatskarte**; diese rechnen sich pro Person ab mehr als 9 bzw. 26 Fahrten. Für Fahrräder und Hunde muss eine **Fahrradtageskarte** für die jeweilige Tarifzone gelöst werden. Schwarzfahren kostet ein erhöhtes Beförderungsentgelt von 60 €.

Auto

Wer in Dresden mit dem Auto unterwegs ist, sollte auf regelmäßige Behinderungen durch Straßenbaustellen und Umleitungen sowie – im Berufsverkehr – auf Staus an den Elbbrücken gefasst sein. Die Augustusbrücke ist nach beendeter Sanierung dauerhaft für den individuellen Autoverkehr gesperrt.

Kostenpflichtige Parkmöglichkeiten – Parkplätze und -häuser sowie Tiefgaragen – sind in der Innenstadt ausreichend vorhanden, die Preise moderat (meist 2–3 €/Std., günstige Tagessätze u. a. in der Centrum Galerie). Ein Parkinformationssystem mit elektronischen Tafeln zeigt freie Plätze an (auch über www.dresden.de/freie-parkplaetze).

Taxi

Freie Taxis von Funk-Taxi Dresden stehen an über 100 Halteplätzen im gesamten Stadtgebiet und können unter dem Taxiruf Tel. 0351 21 12 11 telefonisch bestellt werden (oder via Gratis-App »Taxi Dresden«). Der Chauffeurservice 8x8 kann u.a. zum Flughafentransfer (55 €) gebucht werden (Tel. 0351 88 88 88 88, www.8mal8.de).

Fahrrad, Roller, Velotaxi und Rikscha

Fahrradfahren wird auch in Dresden immer populärer, obwohl das Radwegenetz längst noch nicht perfekt ist. Der **Elberadweg** (www.elberadweg.de) gehört zu den beliebtesten Fernradwegen Deutschlands – und der wohl schönste Abschnitt führt von der Dresdner Altstadt elbaufwärts vorbei am Blauen Wunder und dem Schloss Pillnitz bis in die Sächsische Schweiz.

Leihfahrräder gibt es in manchen Hotels, Hostels oder Pensionen. Über das Fahrradverleihsystem **MOBIbike** von DVB und nextbike stehen außerdem in der Dresdner Innenstadt an einer Vielzahl von Ausleihstellen über 1000 Mieträder zur Verfügung. Registrierung und Ausleihe per App oder Webseite (nextbike.de, 15 Min./1 €, 24 Std./15 €). Fahrräder (10 €/Tag), Mountainbikes (35 €/Tag) und E-Bikes (25 €/Tag) vermietet **Roll On Dresden** (Königsbrücker Str. 4a/Albertplatz, Tel. 0351 2 14 25 01, www.rollondresden.de). Ein Conference Bike für vier bis sieben Personen und ein Sightseeing der besonderen Art bekommen Sie bei **ConferenceBikes Dresden** (Tel. 0351 65 31 88 88, www.cbikes.de, ab 20 €/Person oder 80 €/Stunde). In der Innenstadt verkehren High-Tech-Dreiräder und Rikschas. Eine einstündige Rundfahrt ist ab ca. 60 € zu haben: **Rikscha Dresden** (Tel. 0351 41 89 99 55, www.rikscha-dresden.de) und **City-Rikscha** (Tel. 0152 04 31 60 10, www.city-rikscha.de).

E-Scooter verschiedener Anbieter (u.a. »Lime«) findet man in Dresden außer in einigen »Roten Zonen« in der historischen Altstadt.

Kutsche & Droschke

Mit 2 PS geht's ab Neumarkt oder Schlossplatz durch die Stadt (u. a. www.pferdekutschen-sachsen.de, Tel. 01520 6 32 73 09, 1–3 Pers. 50€/30 Min.). Lärm- und emissionsfrei ist eine Tour mit der »historischen« **E-Motor-Droschke** (2 Pers. 50€/30 Min., www.dresdnerkutschen.de, Tel. 0351 8 03 28 10). Eine ganz besondere »Kutschfahrt« durch das barocke Dresden und den Zwinger bietet **Timeride** per virtueller Zeitreise (Tel. 0351 48 43 37 90, https://timeride.de).

Elbfähre, Dampfer und Boot

Die Dresdner Elbufer sind nicht nur durch Brücken sondern auch durch Fähren verbunden: Johannstadt-Neustadt (Mo–Fr 6.30–23, Sa/So 9.30–23 Uhr, im Winter bis 18.30 Uhr), Niederpoyritz–Laubegast (Mo–Fr 6–20, Sa, So 9–22 Uhr, im Winter bis 18.30 Uhr), Kleinzschachwitz–Pillnitz (Autofähre, ca. 5.30–24 Uhr, Autos Mo–Fr 5.30–21, Sa/So 8–21 Uhr); die Einzelfahrt kostet 1,80 €, die Hin- & Rückfahrt 2,70 €, mit Fahrrad 3/4,50 €, mit PKW 5/8 €.

Eine Dampferfahrt, u.a. mit dem Raddampfer, gehört zu den romantischsten Erlebnissen eines Dresden-Besuchs. Die Dampfer und Motorschiffe der **Sächsischen Dampfschifffahrt** verkehren vom Terrassenufer elbabwärts bis Diesbar-Seußlitz und elbaufwärts bis Bad Schandau (Fahrscheine/Abfahrt am Terrassenufer, Auskunft Tel. 0351 86 60 90, www.saechsische-dampfschifffahrt.de, streckenabhängig, z.B. Terassenufer bis Pillnitz 19 €).

Wer es etwas aufregender mag, bucht bei **elbe.tours** eine Motorboot-Rundfahrt im Stadtgebiet, eine Tour in die Sächsische Schweiz oder stromabwärts ins Weinland (Tel. 0351 4 17 24 24 40, 0177 1 98 88 08, https://elbe.tours). Entspannte Paddelerlebnisse gibt es bei **Kanu Dresden** (Tel. 0351 1 60 52 23, www.kanudresden.de). Das Unternehmen **Floßexpeditionen** bietet diverse Floßfahrten auf der Elbe an. Die motorisierten Flöße sind überdacht, eine dem Wetter angepasste Ausrüstung – Sonnenschutz und/oder Regenjacke – sind zu empfehlen (Tel. 0351 2 73 10 37 und 0179 4 64 61 05, www. floss-expeditionen.de).

Flugzeug und Ballon
Bei Rundflügen mit Kleinflugzeugen ab Flughafen Dresden kann man Elbflorenz, das Meißner Land und Moritzburg (S. 165) oder die Sächsische Schweiz (S. 156) aus der Vogelperspektive erleben: **Fliegerservice August der Starke** (Tel. 0351 8 81 55 55, www. rundflugdresden.de, ab 135 €/Pers.).

Von den innerstädtischen Elbwiesen starten in der Saison und bei Flugwetter Heißluftballone in den Dresdner Himmel. Anbieter sind: **Ballonfahrten Dresden** (Tel. 0351 4 16 17 00, www.ballon-dresden.de), **Sky-Lift Ballonfahrten** (Tel. 0351 4 11 71 14, www.sky-lift.de), **Ballonfahrten Sachsen** (Tel. 035204 23 80 04, www.ballonfahrt-sachsen. de). Das einzigartige Vergnügen kostet 180 bis 210 € pro Person.

Sightseeing
Die **Dresden Information** vermittelt Stadtrundgänge und -rundfahrten zu unterschiedlichsten Themen, Erlebnisrundgänge u. v. m. Startpunkte für Stadtrundfahrten sind u. a. Postplatz/Zwinger und Wilsdruffer Straße/Stadtmuseum.

Stadtrundfahrten
Die Hop-on-Hop-off-Doppeldeckerbusse der **Stadtrundfahrt Dresden** halten an 22 Haltestellen im Stadtzentrum in der Neustadt und am Elbhang. Das Zu- und Aussteigen ist beliebig oft möglich, die komplette Tour dauert ca. 2 Stunden (20 €, www. stadtrundfahrt.com). Auch **Die Roten Dop-**

peldecker sind auf verschiedenen Touren in Dresden unterwegs (u. a. 1,5-stündige Rundfahrt 18 €, www.stadtrundfahrt-dresden.de). Beide Veranstalter offerieren darüber hinaus Kombiangebote mit Führungen oder Dampferfahrten.

Bei der **Trabi-Safari** geht's im Trabant-Konvoi mit 30 km/h, Erklärungen per Funk, Viergang-Revolver-Handschaltung und Ihnen selbst am Steuer durch die Stadt (Dresden Kompakt, 1 Stunde 15 Min, 59€/Pers., www.trabi-safari.de).

Richtig up to date sind Sie mit einer **Segway-Tour** (ab 40 €/Pers.). Anbieter sind: **S&V Mobility** (Tel. 0151 10 77 85 45, www.dresden-roller.de), **Segway Tour Dresden** (Tel. 0351 4 86 71 01, www.seg-tour-dresden.de) oder **SegCity** (Tel. 0173 2 19 02 40, www. seg-stadtfuehrung-dresden.de).

Stadtrundgänge
Ideenreiche thematische Führungen, Stadtteilerkundungen und Exkursionen in Dresden und Umgebung – zu Fuß, mit Bus oder Rad – veranstaltet **Igeltour** Dresden (Tel. 0351 8 04 45 57, www.igeltour-dresden.de).

Kerkermeisterführungen oder Barockrundgänge mit dem »Reichsgrafen von Brühl« hat die **Erlebnisagentur Barokkoko** im Programm (Tel. 0351 8 33 60 00, www.barokkoko.de). Mit dem **Hofstaat zu Dresden** (Tel 0176 39 13 16 96, www.hofstaatzudresden. de) kann man sich von »August dem Starken« und der »Gräfin Cosel« durch die Residenz geleiten lassen. Dinner-&-Wein- sowie Bierführungen bietet **Erlebe Dresden** (Tel. 0351 30 93 18 61, www.erlebe-dresden. de). **Fräulein Kerstin** führt mit Charme und Witz durch die Dresdner Geschichte (Tel. 0351 8 01 90 48, www.stadtfuehrung-dresden.de).

ÜBERNACHTEN

Die Auswahl an Übernachtungsmöglichkeiten ist groß und vielfältig. Ganz nach Vorliebe, Geschmack und Reisekasse können Sie in alten Schlössern und mondänen Palais, in stylischen Design-Hotels, familiär geführten Pensionen oder flippigen Hostels übernachten.

Fast 25 000 Gästebetten in ca. 170 Hotels, Hostels und Pensionen stehen zur Verfügung. Damit liegt Dresden im Verhältnis zur Einwohnerzahl deutschlandweit auf einem der vorderen Plätze.

Obwohl die Auslastung mit knapp über 50 Prozent eher moderat ist, entstehen immer noch neue Hotels. Ein gutes bezahlbares Zimmer lässt sich deshalb fast immer finden, nur während großer Stadtfeste oder Kulturfestivals und in der Vorweihnachtszeit können freie Betten Mangelware sein.

Die meisten Nobel-Hotels liegen in der historischen Altstadt, daneben gibt es in der City aber auch gute Mittelklasse- und Budget-Hotels.

Wer gern von Vogelgezwitscher geweckt wird, bucht ein Zimmer in einem Haus am Elbhang (S. 148). Nachtschwärmer sind in einem der originellen Hostels in der Äußeren Neustadt gut aufgehoben – die meisten dieser Unterkünfte bieten auch Doppel- und sogar Einzelzimmer an und sind längst nicht mehr nur für Studierende und Backpacker eine preiswerte Alternative.

Die Dresden Information vermittelt Übernachtungen in Hotels, Pensionen, Gästezimmern und Ferienwohnungen sowie verschiedene attraktive Kombipakete aus Übernachtung plus Event.

Hostels

Die Hostels in der Äußeren Neustadt erfreuen sich großer Beliebtheit, eine Reservierung ist deshalb ratsam. Sie bieten eine lockere, internationale Atmosphäre, häufig originell gestaltete Zimmer, kostenloses WLAN und ein Frühstücksbuffet; bei einigen der Unterkünfte können Sie auch Leihfahrräder mieten.

Ein Bett in einem Doppelzimmer (manche mit Dusche/WC) ist ab ca. 20 € zu haben, im Mehrbettzimmer ab ca. 15 €.

Guesthouse Mezcalero
✉ Königsbrücker Str. 64
☎ 0351 81 07 70, ⊕ www.mezcalero.de

Hostel Mondpalast
✉ Louisenstr. 77 ☎ 0351 5 63 40 50
⊕ www.mondpalast.de

Lollis Homestay
✉ Görlitzer Str. 34
☎ 0351 8 10 84 58
⊕ www.lollishome.de

LaLeLu Mini-Hostel
✉ Königsbrücker Straße 70
☎ Buchung über Rothenburger Hof
0351 89 51 54 44 oder 0172 4 81 10 00
⊕ www.lalelu-hostel.de

Hostel Louise 20
mit Ferienwohnung
✉ Louisenstraße 20
☎ 0351 889 48 94
⊕ www.louise20.de

Hostel kangaroo-stop
mit Ferienwohnung
✉ Erna-Berger-Str. 8–10
☎ 0351 31 43 455
⊕ www.kangaroo-stop.de

Hotelempfehlungen

Übernachtungspreise für ein Doppelzimmer pro Nacht (inkl. Frühstück)

€	unter 100 Euro
€€	100–150 Euro
€€€	150–200 Euro
€€€€	über 200 Euro

Alte Remise €

Einst Remise, später Feinkostfabrik, heute eine auf Nachhaltigkeit setzende, behagliche Pension am Rand von Dresdens Nachtschwärmerviertel. Vier Studios mit Teeküche samt Kühlschrank, Mikrowelle, Wasserkocher und Espressomaschine, dazu ein netter Garten zum Entspannen.
✝196 C3 ✉ Königsbrücker Str. 45/Ecke Eschenstr. 2 ☎ 0351 326 57 21
⊕ https://alte-remise.jimdo.com
🚋 Straßenbahn 7, 8 Louisenstraße

Aparthotel am Zwinger €–€€

Einen Katzensprung vom Zwinger und keine zehn Minuten Fußweg von der Frauenkirche entfernt, befindet sich dieses über mehrere Gründerzeithäuser ausgedehnte Hotel mit 36 Zimmern im Apartmentstil. Alle haben eine eigene Küche oder Küchenzeile, viele

neben einem oder mehreren Schlafräumen einen separaten Wohnbereich. XXL-Apartment für sechs Personen mit Balkon.
✝196 B1 ✉Maxstr. 3–7
☎035189 90 0100
⊕www.aparthotel-zwinger.de
🚋Straßenbahn 6, 11 Kongresszentrum

Backstage €€
Eines der originellsten Dresdner Hotels liegt am Rand der Äußeren Neustadt in einem sanierten historischen Fabrikgebäude. Die 13 Zimmer, vier davon mit Terrasse, wurden allesamt von Künstlern in unterschiedlichen Stilen und mit Materialien wie Stein, Bambus oder Wildholz gestaltet. Wer es pompös mag, bucht »Zoras Traum«, das barocke Lieblingszimmer von Zora Schwarz, Chefin des Hotels wie auch des benachbarten Travestie-Theaters »Carte Blanche«.
✝197 D3 ✉Prießnitzstr. 12
☎0351 888 77 77 ⊕www.backstage hotel.de 🚋Straßenbahn 11 Diakonissenkrankenhaus

Bülow Residenz & Bülow Palais €€€–€€€€
Zum Romantik Hotel Bülow Residenz in einem 1730 errichteten Barockbau in der Inneren Neustadt gesellte sich das im historischen Gewand neu errichtete Bülow Palais, ein exklusives Fünf-Sterne-Superior-Hotel und eine der nobelsten Adressen in Dresden. Beide Häuser zeichnen sich durch ihre elegante Ausstattung und den erstklassigen Service aus. Das Gourmetrestaurant Caroussel im Bülow Palais fusionierte unter Küchenchef Sven Vogel mit dem hauseigenen Bistro zum Caroussel Nouvelle.
✝202 B4 ✉Königstr. 14/Rähnitzgasse 19
☎0351 8 00 30 ⊕www.buelow-hotels.de
🚋Straßenbahn 4, 9 Palaisplatz; 3, 6–8, 11 Albertplatz

Gewandhaus Dresden €€€
In dem 1768/70 errichteten Gewandhaus neben dem Dresdner Rathaus vereint das Superior Boutique-Hotel barocken Charme mit zeitgemäßer Eleganz und höchstem Komfort. Die Zimmer glänzen mit Desingmöbeln und Marmorbädern, manche blicken auf den wunderschönen überdachten Innenhof. Weitere Highlights sind das Spa mit Pool, das Steakrestaurant »[m]eatery« und das »Kuchenatelier«, das von Mittwoch bis Sonntag süße Kunstwerke offeriert.
✝198 C4 ✉Ringstraße 1 ☎0351 4 94 90
⊕www.gewandhaus-hotel.de
🚋Straßenbahnen 1–4, 7, 12, Bus 62 Pirnaischer Platz

Hilton Dresden €€€–€€€€
Das in den letzten DDR-Jahren als »Devisenhotel« errichtete heutige Hilton liegt in unmittelbarer Nähe zu Frauenkirche, Residenzschloss und Brühlscher Terrasse. Das Haus verfügt über 333 klimatisierte Zimmer, einen ausgezeichneten Fitness- und Wellnessbereich samt Pool sowie mehrere Restaurants, Cafés und Bars.
✝202 B2 ✉An der Frauenkirche 5
☎0351 8 64 20 ⊕www.hiltonhotels.de
🚋Straßenbahn 1, 2, 4 Altmarkt

Unser besonderer Tipp
Schloss Eckberg €€–€€€€
Am Hang hoch über der Elbe liegt das Mitte des 19. Jhs. im Tudorstil erbaute romantische Schloss. Die 17 im wahrsten Sinne fürstlichen Schlosszimmer und -suiten mit herrlicher Aussicht sind mit Antiquitäten ausgestattet und mit edlen Textilien dekoriert. Das Restaurant glänzt mit einer vorzüglichen Küche und einer Terrasse mit atemberaubendem Blick über das Elbtal. Im Park liegt das Kavaliershaus, das preisgünstigere Zimmer bietet.

✝200 C5 ✉Bautzner Str. 134
☎0351 8 09 90 ⊕ www.schloss-eckberg.de
🚋Straßenbahn 11 Elbschlösser

Hotel Martha €€

In einem Haus aus der Biedermeierzeit am Rand der Inneren Neustadt befindet sich dieses Hotel mit 100 Jahren christlicher Tradition. Die behaglichen Zimmer und Apartments sind individuell geschnitten und möbliert. Im Wintergarten und auf der Terrasse im grünen Innenhof können Sie sich nach einem anstrengenden Stadtbummel entspannen bzw. nach dem Frühstück lesen, nachmittags eine Tasse Kaffee trinken oder abends ein Glas Wein zu sich nehmen.

✣ 202 B5 ✉ Nieritzstraße 11 ☎ 0351 8 17 60 ⊕ https://hotel-martha.de 🚋 Straßenbahn 4, 9 Palaisplatz

Hotel Suitess €€€€

Fünf-Sterne-Superior-Luxus in dem nach historischem Vorbild wieder errichteten Haus »Zum Schwan« direkt am Neumarkt. Zimmer und Suiten sind mit erlesenem Mobiliar im Stil des 19. Jhs. und Bädern aus italienischem Marmor ausgestattet. Exquisite Stoffe und Accessoires geben den letzten Schliff. In der fünften Etage verwöhnt das Restaurant »Moritz« die Gäste mit gehobener regionaler und internationaler Küche – gern auch auf der Dachterrasse mit Blick auf die Frauenkirche.

✣ 202 C1 ✉ An der Frauenkirche 13 ☎ 0351 4 17 2 70 ⊕ www.suitess-hotel.com 🚋 Straßenbahnen 1, 2, 4 Altmarkt

Hotel Taschenbergpalais Kempinski €€€€

Das erste Haus am Platz, gelegen im Herzen der Altstadt. Mitte der 1990er-Jahre wurde das im Krieg zerstörte Taschenbergpalais rekonstruiert, das August der Starke seiner Mätresse, der Gräfin Cosel, einst geschenkt hatte. 2023 wurde das komplette Haus während einer mehrmonatigen Schließzeit umfassend renoviert. Hinter der barocken Fassade erwartet die Gäste der zeitgemäße Komfort und Luxus eines Grandhotels: Zimmer und Suiten in exquisitem Design, erstklassiger Service, Spitzengastronomie und ein ausgezeichneter Fitness- und Spabereich.

✣ 202 A1 ✉ Taschenberg 3 ☎ 0351 4 91 20 ⊕ www.kempinski.com/dresden 🚋 Straßenbahn 1, 2, 4, 8, 9, 11, 12, Bus 68 Postplatz

Innside Dresden €€€

Das Designhotel residiert in einem der wenigen modernen Neubauten im Neumarkt-Areal. Urbanes Ambiente, Zimmer mit Stil. Spa, Restaurant »VEN« und »Twist Bar« in der sechsten Etage mit Blick auf die Kuppel der Frauenkirche.

✣ 202 C1 ✉ Salzgasse 4 ☎ 0351 79 51 50 ⊕ www.melia.com 🚋 Straßenbahn 1, 2, 4, Altmarkt

Maritim Hotel Dresden €€-€€€

Gleich neben dem Internationalen Congress Center beherbergt der »Erlweinspeicher« – 1913/14 vom damaligen Dresdner Stadtbaurat Hans Erlwein am Elbufer errichtet – seit 2006 ein elegantes Hotel. Das Haus hat ein Restaurant mit Wintergarten und Elbterrasse, übrigens das größte Wintergarten-Restaurant der Region, und ein Spa mit Schwimmbad.

✣ 196 B2 ✉ Ostra-Ufer 2/Devrientstr. 10–12 ☎ 0351 21 60 ⊕ www.maritim.de 🚋 Straßenbahn 6, 11 Kongresszentrum

Motel One Dresden am Zwinger €€

Budget-Hotel: Außen puristisch, innen Zweckmäßigkeit in modernem Design. Freundliche Zimmer und Bäder mit ausreichendem Komfort. Für die Lage gutes Preis-Leistungs-Verhältnis. Ein zweites Motel One gibt es am Palaisplatz in der Neustadt (0351 6 55 73 80).

✣ 196 B1 ✉ Postplatz 5 ☎ 0351 43 83 80; ⊕ www.motel-one.com 🚋 Straßenbahn 1, 2, 4, 8, 9, 11, 12, Bus 68 Postplatz

Penck Hotel Dresden €€-€€€

Das nur 300 m von Zwinger und Semperoper entfernt gelegene Kunst- und Designhotel wurde 2019 unter neuem Namen komplett renoviert. Die 174 modernen Zimmer und Suiten sowie Lobby und Restaurant sind mit Originalwerken des in Dresden geborenen Künstlers Ralf Winkler, genannt A. R. Penck, ausgestattet, auf dem Dach steht seine 6,50 m hohe Plastik eines nackten Mannes.

✣ 196 B1 ✉ Ostra-Allee 33 ☎ 0351 4 92 27 85 ⊕ www.penckhoteldresden.de 🚋 Straßenbahn 6, 11 Kongresszentrum

Pullman Hotel Dresden Newa €€
Das Haus ist Teil des in den 1960er-Jahren entstandenen Neubau-Ensembles der Prager Straße. Eine Komplettmodernisierung verwandelte den Plattenbau 2003 in ein Schmuckstück: modern, puristisch-elegant, urban. Die kleinen, aber schicken Zimmer sind klimatisiert und mit Panoramafenstern ausgestattet. Für die beste Aussicht ins Stadtzentrum oder in das Umland unbedingt ein Zimmer in den oberen Etagen wählen!
✛198 B3 ✉Prager Str. 2c
☎0351 4 81 40 ⊕www.pullman-hotel -dresden.de ⎚Straßenbahn 3, 7, 8, 10, Bus 66 Hauptbahnhof; Straßenbahn 3, 7–9, 11 Hbf-Nord

Ristorante e Pensione La Campagnola €€
Italien-Feeling am Elbstrand: Das 1697 errichtete »Alte Fährgut« in Altloschwitz in unmittelbarer Nähe zum Fluss und zum Blauen Wunder beherbergt seit 2011 das Ristorante »La Campagnola«. Zum Restaurant gehören acht entzückende, nach den schönsten Monaten des Jahres benannte und farbenfroh gestaltete Zimmer.
✛201 E3 ✉Friedrich-Wieck-Str. 45
☎0351 314 10 23 ⊕www.la-campagnola-dd. com ⎚Busse 61, 63, Standseil-/Schwebebahn Körnerplatz

Rothenburger Hof €€
Das heutige Boutiquehotel ist eines der tradionsreichsten Häuser der Stadt, 1865 eröffnet. Sämtliche Räume sind in leuchtende Farben getaucht, die Zimmer und Apartments individuell gestaltet, die mit »Neustadtflair« haben Fenster zur Straße, die mit »Hinterhofflair« zur ruhigen Rückseite. Es gibt Zimmer im Gartenhaus, ein Apartment für sechs Personen über den Dächern der Neustadt und – der Clou in dieser Lage – ein Schwimmbad.
✛197 D2/3 ✉Rothenburger Str. 15–17
☎0351 89 51 54 44, 0172 4 81 10 00
⊕www.rothenburgerhof.de ⎚Straßenbahn 6, 11, 13 Bautzner/Rothenburger Straße

Schloss Hotel Dresden-Pillnitz €€–€€€
Das Hotel befindet sich in einem rekonstruierten Nebengebäude des Pillnitzer

Schlosses (S. 138). Die Zimmer und Suiten (mit Ausblick auf Elbe, Schloss und Weinberge) sind behaglich, das gastronomische Angebot ist vielfältig. Ein unvergleichliches Erlebnis ist ein Morgenspaziergang durch die Natur des noch menschenleeren und stillen Schlossparks.
✛201 südöstl. F1 ✉August-Böckstiegel-Str. 10 ☎0351 2 61 40 ⊕www.schlosshotel-pill nitz.de ⎚Bus 63 Pillnitzer Platz

Star G Hotel Dresden €€
In einem Prachtbau des Altmarktensembles aus den 1950er-Jahren bietet das Haus seinen Gästen modern ausgestattete und in warmen Farbtönen gehaltene Zimmer. Wiener Kaffeehaus im Erdgeschoss.
✛202 B1 ✉Altmarkt 4 ☎0351 30 71 10
⊕www.starghotels.com ⎚Straßenbahn 1, 2, 4, Altmarkt

Villa Sorgenfrei €€€–€€€€
In Radebeul, nur 10 km vom Dresdner Stadtzentrum entfernt, liegt inmitten einer historischen Gartenanlage dieses Juwel mit 16 zauberhaften Zimmern und Suiten. Im Restaurant »Atelier Sanssouci« im Gartensaal verwöhnt der junge Sternekoch Marcus Langer seine Gäste mit französischen Gaumenfreuden (Do–Mo 18.30–22 Uhr).
✛196 nordwestl. A5 ✉Augustusweg 48, 01445 Radebeul ☎0351 79 56 660
⊕www.hotel-villa-sorgenfrei.de
⎚Straßenbahn 4 Schildenstraße

Bilderberg Bellevue Hotel Dresden €€–€€€
Das Hotel am Neustädter Elbufer wurde noch zu DDR-Zeiten von einem japanischen Unternehmen konzipiert – unter Einbeziehung des einzigen in der Straße noch erhaltenen barocken Bürgerhauses. Von einigen Zimmern kann man den berühmten Canaletto-Blick auf die Altstadt genießen. Auf der Flussseite des Hotels befindet sich eine reizvolle Gartenanlage. Das Haus hat den größten Hotelpool Dresdens.
✛202 B3/4 ✉Große Meißner Str. 15
☎0351 80 50 ⊕www.bilderberg-bellevue -dresden.de ⎚Straßenbahn 4, 8, 9 Neustädter Markt

Townhouse Dresden €€€
Schickes Boutique-Hotel im »QF – Quartier an der Frauenkirche«. Die Zimmer verzaubern mit zeitlos elegantem, italienischem Design und erdigen Pastellfarben. Wer es ganz besonders luxuriös mag, bucht eine »Grand«-Suite im Dachgeschoss mit eigener Terrasse. Zum Breakfast Italian Style können Sie die Aussicht auf den Neumarkt genießen, und gleich nebenan lädt die QF-Passage (S. 70) zum Shoppingbummel ein.
✛202 B1 ✉Neumarkt 1
☎0351 5 56 33 09 92 5 ⊕www.vagabondclub.com/dresden ⊟Straßenbahnen 1, 2, 4 Altmarkt

Zur Königlichen Ausspanne €€
Idylle pur: Die ehemaligen Remisen eines Herrensitzes am Elbhang wurden 1999 zu einer schönen Pension umgebaut. Man schläft in Zimmern im Landhausstil und wird von Vogelgezwitscher geweckt. Unter dem Kreuzgewölbe des Kaminsaals finden Hauskonzerte statt. Mindestaufenthalt vier Nächte.
✛201 südöstl. F1 ✉Eugen-Dieterich-Str. 5
☎0351 2 68 95 02 ⊕www.koenigliche-ausspanne-dresden.de ⊟Bus 63 Staffelsteinstr.

ESSEN UND TRINKEN

Die Dresdner kochen längst nicht mehr nur ihr eigenes Süppchen. Neben sächsischen Spezialitäten, auch solchen aus dem Erzgebirge, dem Vogtland oder der Oberlausitz, finden sich auf den Speisekarten der Stadt böhmische, russische oder ungarische Einflüsse. Und seit der Wende hat sich die ganze kulinarische Welt an der Elbe niedergelassen.

Typisches
Der Dichter und Theatermann Robert Prutz wusste schon vor 150 Jahren, dass die Dresdner »Kuchenfresser« sind. Noch heute findet man auf der Suche nach Dresdner Spezialitäten vor allem Süßes: die **Dresdner Eierschecke** etwa, einen gehaltvollen Kuchen mit Quark und einer luftigen Eiermasse, oder die **Sächsischen Quarkkeulchen**

aus Kartoffeln, Quark und etwas Mehl, in Öl ausgebacken und mit Zimtzucker und Apfelmus serviert – und natürlich den **Dresdner Stollen**.

Dazu gibt es ein »Schälchen Heeßen«, schließlich wurde in Dresden der Kaffeefilter erfunden – und obwohl sie im Kaffeeverbrauch unter dem Bundesdurchschnitt liegen, sind die Sachsen immer noch als »Kaffeesachsen« bekannt. Dass die Dresdner nur »Bliemchengaffee« trinken, der so dünn ist, dass man das geblümte Schmuckdekor auf dem Tassenboden sieht, ist allerdings ein Gerücht.

Unter der typisch »**sächsischen Küche**« versteht man zumeist saftige Braten mit leckeren Saucen und allerlei Kartoffelvariationen sowie Eintöpfe. Fast immer dabei: der **Dresdner** bzw. **sächsische Sauerbraten** und die **sächsische Kartoffelsuppe**, letztere gern mit Majoran und Wiener Würstchen. Daneben gibt es Pellkartoffeln mit Quark und Leinöl aus der Lausitz, Erzgebirgische Glitscher (Kartoffelpuffer) oder Sorbische Hochzeitssuppe.

Bisweilen findet man auch noch Gerichte, die auf kaum einer DDR-Speisekarte fehlen durften: das **Würzfleisch** (Ragout fin), solo, oder in der Variante Schweinesteak au four – mit Würzfleisch überbacken –, immer jedoch mit der »Exzellent Worcester Sauce Dresdner Art«. Der DDR-Klassiker schlechthin stammt eigentlich aus Russland bzw. der Ukraine: Die **Soljanka** ist eine pikante Suppe, meist mit Fleisch- und Wurststücken, Zwiebeln und saurer Gurke sowie mit einem Klecks saurer Sahne zubereitet.

Längst hat **sächsischer Wein** über die Grenzen Sachsens hinaus einen guten Namen. Und das bekannteste Bier des Ostens, das Radeberger Pilsner, wird zwar nicht in Dresden, aber im 15 km entfernten Radeberg gebraut.

Übrigens: Das Brötchen heißt in Dresden Semmel, die Scheibe Brot Bemme, der Napfkuchen Bäbe und der »Berliner« Pfannkuchen.

Als **kulinarische Souvenirs** empfehlen sich der Dresdner Stollen, Russisches Brot und die Dinkelchen des Backwarenherstellers Dr. Quendt, der Nudossi-Brotaufstrich

– die »Ost-Nutella« – der Firma Vadossi aus Radebeul, Pulsnitzer Pfefferkuchen und Sächsische Weine.

Restaurants, Cafés, Kneipen

In den letzten drei Jahrzehnten sind in Dresden Hunderte neuer Gaststätten entstanden. Im Umfeld der wichtigsten Sehenswürdigkeiten in der Altstadt und der Inneren Neustadt finden sich etliche Cafés und Restaurants, die sowohl traditionell sächsische als auch internationale Gerichte anbieten. Wie in jeder anderen Großstadt auch haben sich zudem Pizzerien, Tapas-Bars und Pubs, australische, kanadische, japanische oder böhmische Restaurants und zuletzt syrische ihren Platz in der kulinarischen Landschaft erobert.

Derzeit hat Dresden zwei Sterne-Lokale zu bieten: das **Elements DELI & Restaurant** (S. 97) und das **Restaurant Genuss-Atelier** (Bautzner Str. 149). Ein weiteres, das **Atelier Sanssouci** in der Villa Sorgenfrei (S. 187), ist in Radebeul zu Hause. Preiswert und schnell kann man sich bei den zahlreichen Fast-Food-Anbietern von Centrum- und Altmarktgalerie stärken.

Die Äußere Neustadt verfügt über die höchste Kneipendichte. Vor allem in der Görlitzer Straße, der Alaun- und der Louisenstraße gibt es trendige Restaurants, Szenekneipen, Imbissläden, Cafés und Bars, Frühstück bis zum Nachmittag und Crossover-Küche. Besonders lauschig sitzt man hier in manchem versteckten Hinterhof.

Bei Dresdnern und Gästen besonders beliebt sind natürlich auch die Restaurants mit Blick auf die Elbe. Und in der grünen Stadt Dresden gibt es zudem jede Menge schattige Biergärten.

Vegetarier und Veganer kommen in der Altstadt bisher nur im **LadenCafé aha** (S. 124) und in der **brennNessel** (S. 68) voll auf ihre Kosten. In der Neustadt dagegen ist fleischlose Küche stark im Kommen, sogar bei den Imbissläden. Das **Scheunecafé** (S. 98) hat auf vegetarisch umgestellt, und auch bei **Steffenhagen** (Schönfelder Str. 2), **Café v-cake** (Rothenburger Str. 14), **Der Dicke Schmidt** (Rothenburger Str. 37), **Falscher Hase** (Rudolf-Leonhard-Straße 3) und

im **Vegan House** (Alaunstr. 83) wird auf Fleisch verzichtet.

Aber auch Fleischesser haben derzeit ihren Trend: In Dresden ist in den letzten Jahren eine regelrechte Burger-Mania ausgebrochen – mit **Hans im Glück** (S. 124), der **Burgerei** (Neumarkt 12) und **Burgerlich** (Prager Str. 4) in der Altstadt sowie Läden wie **Kantine No 2** und **Kochbox** (Görlitzer Str. 2 und 4) oder **Beat 'n' Burger** (Königsbrücker Str. 74) und **Fettboy** (Bautzner Str. 14) in der Äußeren Neustadt.

AUSGEHEN

Dresden gilt als Stadt der Hochkultur – mit der Semperoper als Flaggschiff, mit Orchestern von Weltrang und dem Kreuzchor, einer langen Ballett-Tradition und einer vielfältigen Theaterkultur. Daneben besitzt die sächsische Landeshauptstadt aber auch eine lebendige Jazz- und Rockszene sowie jede Menge Kinos, Kneipen, Bars und Clubs. Und gefeiert wird hier gern bis in den frühen Morgen.

Oper, Theater, Konzerte

Mancher kommt nur wegen des Besuchs einer der oft ausverkauften Aufführungen in der **Semperoper** (S. 59) nach Dresden. Doch die Stadt hat noch viel mehr hochkarätige Kulturveranstaltungen zu bieten, so etwa Konzerte des **Kreuzchores** (S. 20) in der Kreuzkirche oder der **Dresdner Philharmonie** im aufpolierten **Kulturpalast** (S. 127) sowie spannende Theaterinszenierungen im **Schauspielhaus** (S. 71) und im **Kleinen Haus**.

Im **Kulturkraftwerk** (S. 127) am Wettiner Platz haben zwei traditionsreiche Theater ihr neues Domizil gefunden: die **Staatsoperette Dresden** und das **tjg – theater junge generation**. Komödiantisches und Literarisches, Kleinkunst und Kabarett gibt es in der **Comödie** (S. 127), im **Boulevardtheater** (S. 127), in der **Herkuleskeule** (S. 127), beim **Dresdner FriedrichstaTTpalast** (https://dresdner-friedrichstatt-palast.de), im **Dresdner Brettl auf dem Theaterkahn** (www.theaterkahn.de), im **Yenidze Theater** (www.yenidze-theater.de) und bei **1001 Märchen** (www.1001maerchen.de) in Loschwitz.

Das **Societaetstheater** (S. 89) und das **projekttheater** (S. 100) bieten Einzelkünstlern und Gruppen in verschiedenen Formen der darstellenden Kunst ein Podium.

Im benachbarten Radebeul (S. 167) hat das Stammhaus der **Landesbühnen Sachsen** (Meißner Str. 152, Tel. 0351 8 95 42 14, www.landesbuehnen-sachsen.de) seinen Sitz. In den Sommermonaten bespielt das Mehrspartentheater zudem die **Felsenbühne Rathen** in der Sächsischen Schweiz (S. 156).

Angesagte Stars aus Rock und Pop treten regelmäßig im **Alten Schlachthof** (Gothaer Str. 11, www.alter-schlachthof.de), im Kulturpalast und im Sommer auf der **Freilichtbühne Junge Garde** im Großen Garten (S.111, 112) auf. Für Großevents bieten außerdem die Halle der **Dresdner Messe** (Messering 6, www.messe-dresden.de) und gelegentlich das Stadion der SG Dynamo Dresden ausreichend Platz.

Avantgardistisches in Musik, Tanz und Theater veranstaltet das **Europäische Zentrum der Künste** im Festspielhaus Hellerau (Karl-Liebknecht- Str. 56, Tel. 0351 2 64 62 46, www.hellerau.org).

Die **Tonne** (S. 71) im Kurländer Palais am Rande der historischen Altstadt ist Dresdens traditionsreicher Jazzclub.

Clubs & Bars

Die besten Locations für alternative Musik unterschiedlichster Art sind der **beatpol** (Altbriesnitz 2a, Tel. 0351 4 21 03 02, www.beatpol.de), die **Scheune** (S. 101, Umbau bis 2025), die **Chemiefabrik** (»Chemo«, S. 101), das **Ostpol** (S. 101) und die **Groove Station** (S. 101). Tanzwütige treffen sich in **Katy's Garage** (S. 101), **Downtown** (S. 101), **Parkhotel** (S. 153) und im **Stromwerk** im Kraftwerk Mitte (Kraftwerk Mitte 28, www.dresden-stromwerk.de). Von Mai bis Oktober lohnt sich auch ein Abstecher in die **Saloppe** (S. 153). Die Clubs der **Strasse E** mit Bunker und Reithalle und das **Eventwerk** liegen nördlich der Äußeren Neustadt in einem alten Fabrikareal.

Ein Hotspot für alle Nachtschwärmer ist nach wie vor das **Blue Note** (S. 101), die legendäre Bar mit fast täglicher Live-Musik. Cocktail-Liebhaber kommen in der **Twist**

Bar (S. 71) in der Altstadt, der **HERZ american bar** in der Inneren Neustadt oder in **Frank's Bar** (S. 101), der **studioBar** (Görlitzer Str. 1, Tel. 0351 7 96 71 37, www.goerlitzer-platz.de) und der **Pinta** (S. 101) in der Äußeren Neustadt auf ihre Kosten. Ein echter Geheimtipp ist die **Sonderbar** (Würzburger Str. 40, Tel. 0351 4 71 95 95, www.sonderbar.de) etwas jenseits der Touristenpfade in der Südvorstadt nahe der Uni.

Kino

Dresden ist die Kinometropole des Ostens. Es gibt vier Multiplexe, zwei davon liegen mitten im Stadtzentrum gleich nebeneinander: das traditionsreiche, schon zu DDR-Zeiten erbaute **Rundkino** (S. 121) mit sieben Sälen und der futuristische **UFA-Kristallpalast** (S. 127) mit acht Sälen. Beide Kinos spielen vor allem die großen Blockbuster und haben Live-Übertragungen von Opern und Sportevents im Programm. Programmkinos wie die **Schauburg** (S. 101) mit fünf Sälen, das **Programmkino Ost** (Schandauer Str. 73, Tel. 0351 3 10 37 82, www.programmkino-ost.de), das **Thalia** (S. 101) mit angeschlossenem Bistro oder das **Zentralkino** (Kraftwerk Mitte 16, Tel. 0351 3 10 73 75, www.zentralkino.de) sorgen für Vielfalt. In den meisten Kinos gibt es Sneak Previews, Premieren mit Gästen, Filme in Originalsprache und Filmwochen.

LGBT

Die **Boys Bar** (S. 101) gilt als die nunmehr am längsten existierende Gay-Bar Dresdens; sie veranstaltet regelmäßig Karaoke-Partys und Themenabende und ist dienstags bis donnerstag bis 1 Uhr, freitags und samstags bis 3 Uhr geöffnet. In der ebenfalls in der Neustadt gelegenen Café & Bar **Valentino** trifft man sich gern, aber nicht nur, zu Kaffee, Kuchen und Eis, das Publikum ist überwiegend jenseits der 30 (Jordanstr. 2, Tel. 0351 2 10 95 95, www.valentino-dresden.de). Einmal im Jahr gibt es den **Dresdner Tuntenball** (www.tuntenball-dresden.com). Mit Parade und verschiedenen Veranstaltungen wird im Juni in Dresden mehrere Tage lang der **Christopher Street Day** gefeiert (www.csd-dresden. de).

Informationen und Tickets

Anlaufstellen für Veranstaltungsinfos und Tickets sind die Touristeninformationen in der QF-Passage (S. 70) am Neumarkt und im Hauptbahnhof. Den umfassendsten Veranstaltungskalender hat das monatlich erscheinende Stadtmagazin **SAX** (2,50 €, www.cybersax.de).

Tagesaktuelle Informationen über Dresden und Umgebung liefern Ihnen die regionalen Tageszeitungen: die »Sächsische Zeitung« (www.sz-online. de) und die »Dresdner Neuesten Nachrichten« (www.dnn.de). Über das aktuelle Leinwandgeschehen informiert der kostenlos ausliegende **Kinokalender** (www.kinokalender.com).

Eintrittskarten für Konzerte, Theatervorstellungen, Partys oder Sportevents erhalten Sie bei der Touristeninformation, bei **saxTicket** (in der Schauburg, Königsbrücker Str. 55, Tel. 0351 8 03 87 44, www.saxticket. de), an der Konzertkasse im **Florentinum** (Ferdinandstr. 12, Tel. 0351 86 66 00, www.konzertkasse-dresden.de) und beim **SZ-Ticketservice** in verschiedenen SZ-Treffpunkten.

EINKAUFEN

Schicke neue Kaufhäuser und Shoppingcenter, Kunstgewerbeläden, flippige Boutiquen mit individuellem Angebot und jede Menge Galerien für Kunst, Schmuck und Design machen einen Einkaufsbummel in Dresdens Einkaufsvierteln zum Vergnügen. Nur schicke Stores von Nobelmarken sind in der Elbemetropole noch immer dünn gesät. Die meisten Läden im Zentrum sind bis 20 oder 21 Uhr geöffnet, im Rest der Stadt überwiegend nur bis 18 Uhr.

Wo gibt es was?

Die **Prager Straße** (S. 120) ist die größte Shoppingmeile Dresdens. Auf dem als Fußgängerzone eingerichteten Boulevard zwischen Dr.-Külz-Ring und Hauptbahnhof sowie in der angrenzenden Seestraße haben sich die großen Kaufhäuser und Modeketten angesiedelt. Außerdem befinden sich hier zwei bei Dresdnern wie Gästen beliebte Malls: in der Prager Straße die **Centrum Galerie** (S. 121) mit rund 80 Geschäften, Fast-Food-Läden und Serviceangeboten und zwischen Altmarkt und Wallstraße die **Altmarkt-Galerie** (S. 117) mit über 200 Shops, Cafés und einem Foodcourt.

In den Geschäften rund um den Neumarkt – in der **QF-Passage** (S. 70) und den abgehenden Straßen – kaufen vor allem Touristen ein. Kunden mit gehobeneren Ansprüchen werden in den Boutiquen, Galerien und Antiquitätenläden in der Königstraße sowie in den angrenzenden Gassen und Passagen in der Inneren Neustadt fündig.

In den **Kunsthandwerkerpassagen** (S. 88) in der Hauptstraße bieten Kunsthandwerker ihre Waren an. Ständig eröffnen in der Äußere Neustadt (S. 82) neue Läden – und andere schließen wieder. Vor allem junges Publikum findet hier so ziemlich alles, was das Herz begehrt oder was gerade im Trend liegt: hippe Klamotten, Kunst, Schmuck, die Vinyl-Scheiben der Lieblingsband und jede Menge Krimskrams. Am Loschwitzer Körnerplatz sind Galerien und Kunstgewerbeläden zu Hause.

Märkte

Auf dem **Altmarkt** (S. 116) werden Frühjahrs- und Herbstmärkte abgehalten. In der Weihnachtszeit lockt der **Striezelmarkt** (S. 126) Millionen Besucher in die Dresdner City. Dazu gibt es inzwischen rund ein Dutzend weitere Weihnachtsmärkte, u. a. den **Advent auf dem Neumarkt**, die **Mittelalter-Weihnacht** im Stallhof und den internationalen **Augustusmarkt** auf der Hauptstraße.

Der **Elbeflohmarkt** an der Albertbrücke findet fast ohne Winterpause immer am Samstag von 9 bis 15 Uhr statt. Auf dem **Sachsenmarkt** in der Lingnerallee werden jeden Freitag von 8 bis 17 Uhr vor allem regionale Produkte angeboten.

Galerien

Dass Dresden eine Stadt der Kunst ist, wird auch durch eine große Anzahl an Galerien deutlich. Die meisten liegen in der Neustadt, einige rund um den Körnerplatz (S. 144). Unter https://dresdencontemporaryart.com gibt es eine Übersicht an Ausstellungen und

Events mit zeitgenössischer Kunst in Dresden. Die Printversion liegt vierteljährlich neu in den Galerien aus.

Souvenirs, Kunsthandwerk, Porzellan

Die Engel der »Sixtinischen Madonna« (S. 47) von Raffael trifft man in der ganzen Welt, in Dresden sind sie zu Hause. Zum Mitnehmen bekommt man die beiden auf Kühlschrankmagneten, Mousepads, Kaffeetassen, T-Shirts oder Regenschirmen. Diese und weitere mehr oder weniger originelle Souvenirs sowie jede Menge Bücher gibt es in den **Museumsläden** von Sempergalerie (S. 48), Residenzschloss (S. 52) und Albertinum (S. 64), von Stadtmuseum (S. 67) und Deutschem Hygiene-Museum (S. 122).

Souvenir-Shops rund um den Neumarkt (S. 67) haben u. a. Frauenkirchen-Devotionalien im Programm. Fast schon legendär ist die mittlerweile in über 26 Editionen aufgelegte Armbanduhr mit einem im Zifferblatt eingelassenen Original-Sandsteinsplitter aus der Ruine der Frauenkirche (S. 40).

Ein halbes Dutzend Läden in der Altstadt bietet vor allem weihnachtliches Kunsthandwerk aus dem Erzgebirge, aber auch Herrnhuter Sterne, Sorbische Ostereier und hübsche Keramik aus der Lausitz. Rund 100 Bäckereien und Konditoreien in und um Dresden stellen Dresdner Stollen – nur echt mit Qualitätssiegel – her.

Stores der **Staatlichen Porzellan-Manufaktur Meissen** (S. 162) finden Sie an der Frauenkirche 1 und als Outlet in der QF-Passage.

VERANSTALTUNGSKALENDER

JANUAR

Dresdner Neujahrssingen: Unterhaltungsshow, bei der Stars der Dresdner Kultur- und Gastroszene zu jährlich wechselnden Themen Rock- und Popsongs der letzten Jahrzehnte schmettern (www.facebook.com/DresdnerNeujahrssingen).

FEBRUAR

SemperOpernball: Ein glanzvoller Abend und ein Fest für Augen und Ohren. In der Semperoper und beim Open-Air-Ball davor. (www.semperopernball.de).

Kurz und bündig – Kästner Festival: Dresden huldigt seinem berühmten Schriftsteller mit Lesungen, Vorträgen, Konzerten, Ausstellungen (www.kaestnerhaus-literatur.de).

MÄRZ

Hutball: Gut behütet trifft sich halb Dresden an 2 aufeinanderfolgenden Tagen (Vol. 1 & Vol. 2) zum Ball im Parkhotel. Die extravagantesten Hut-Kreationen werden prämiert (www.hutball.de).

Humorzone: Fünf Tage mit Comedy und Kabarett, rund 50 Veranstaltungen und 100 Künstlern auf verschiedenen Bühnen der Stadt. Als Schirmherr fungiert Lokalmatador Olaf Schubert. Zum Schluss gibt es die Humorzonen-Gala, moderiert vom »Wunder im Pullunder« (www.humorzone.de).

APRIL

Filmfest Dresden – International Short Film Festival: Filmemacher aus aller Welt präsentieren ihre Arbeiten u. a. in der Schauburg (www.filmfest-dresden.de).

Dresdner Tage der zeitgenössischen Musik: Biennales Festival für Gegenwartsmusik. Hellerau – Europäisches Zentrum der Künste (www.hellerau.org).

MAI

Dampferparade: Am 1. Mai legen die historischen Raddampfer und die Motorschiffe der Sächsischen Dampfschifffahrt zur Flottenparade ab (www.saechsische-dampfschifffahrt.de).

Dixieland-Festival: Seit 1971 wird Dresden alljährlich im Mai zur Hauptstadt des Dixieland. Den krönenden Abschluss bildet eine Brassband-Parade durch die Altstadt (www.dixielandfestival-dresden.com).

Karl May Festtage: Am Wochenende nach Himmelfahrt trifft man sich in Radebeul zu Pow Wow, Country Shows und Action (www.karl-may-fest.de).

Dresdner Musikfestspiele: Neben klassischer Musik gibt es Konzerte mit Jazz oder Weltmusik. Beim Mitmachprojekt »Klingende Stadt« bringen Profis und Laien einen Nachmittag lang die gesamte Innenstadt zum Klingen (www.musikfestspiele.com).

JUNI
St. Pieschen: Ein Wochenende lang feiert sich der elbabwärts gelegene aufstrebende Stadtteil Pieschen mit Musik und Straßenparty (https://sanktpieschen.de).

Bunte Republik Neustadt: Über 30 Jahre wuchs die BRN in der Äußeren Neustadt zu einem Stadtteilfest der Superlative. Nach Corona erfolgte eine Umorientierung hin zu mehr Nachhaltigkeit und Klasse statt Masse.

Elbhangfest: Am letzten Juniwochenende wird der Elbhang zwischen Loschwitz und Pillnitz zu einer riesigen Festzone mit rund 200 Veranstaltungen, Märkten und Umzug (www.elbhangfest.de).

Filmnächte am Elbufer: Zwischen Ende Juni und Anfang September gibt es am Königsufer Open-Air-Kino und Konzerte. Immer ausverkauft: die »Kaisermania«! (www.film naechte.de)

Lange Nacht der Wissenschaften: Hochschulen und Forschungsinstitute öffnen Labore und Experimentiersäle (www.wissen schaftsnacht-dresden.de).

Ostrale–Biennale für zeitgenössische Kunst: Sachsens größte Ausstellung zeitgenössischer Kunst, ab Juni/Juli, mehrmonatig (www.ostrale.de)

JULI
Museumsnacht: Bis 1 Uhr nachts präsentieren über 50 Dresdner Museen der Stadt die Vielfalt der verschiedenen Sammlungen (https://museumsnacht.dresden.de).

Schaubuden-Sommer: Rund eine Woche lang verteilen sich Attraktionen und Sensationen in der Neustadt (Ort unter www. schaubudensommer.de).

Kultursommer: Eintrittsfreies Open-Air-Festival mit Konzerten, Poetry und Familienveranstaltungen im elbseitigen Garten des Japanischen Palais, Juli/August (https://kul tursommerdresden.de)

Palais Sommer: Open-Air-Festival für Kunst, Kultur und Bildung im Ostra Dome, Alaunpark und auf dem Neumarkt. Juli/August, der Eintritt ist frei (https://palaissommer.de).

AUGUST
Canaletto – Das Dresdner Stadtfest: Ein Wochenende lang wird die gesamte Innenstadt zum Volksfestgelände. Ein Höhepunkt ist die große Dampferparade (www.cana letto-fest.de).

Moritzburg Festival: Eines der renommiertesten Kammermusikfestivals weltweit, u. a. in Kirche und Schloss Moritzburg (www. moritzburgfestival.de).

SEPTEMBER
Keramikmarkt Dresden: Rund um den Goldenen Reiter bieten rund 70 Keramiker ihre handgefertigten Waren an (www.keramik markt-dresden.de).

Herbst- & Weinfest und Internationales Wandertheater-Festival in Radebeul: Am letzten Septemberwochenende verwandelt sich der Dorfanger von Altkötzschenbroda in ein großes Weindorf (www.wein fest-radebeul.de).

Moritzburger Hengstparade: An drei Wochenenden verfolgen mehr als 20 000 Besucher das vierstündige Programm mit berittenem Fanfarenzug, der Darstellung historischer Begebenheiten, der Dressurquadrille mit 25 Reitpferdehengsten und der 16-spännigen Postkutsche als krönendem Abschluss (www.saechsische-gestuetsverwal tung.de/termine/hengstparaden).

OKTOBER/NOVEMBER
DAVE – Dresden Audio Visual Experience Das zehntägige Festival für Clubkultur erschließt neue Zugänge zu elektronischer Musik und verbindet mit Workshops, Kon-

zerten und Partys verschiedene Kunstformen, Medien und Technologien.

Jüdische Musik- und Theaterwoche: In- und ausländische Künstler, Profis und Laien, präsentieren jedes Jahr Ende Oktober/Anfang November jüdische und jiddische Kultur (www.juedische-woche-dresden.de).

Tschechisch-Deutsche Kulturtage in Dresden und der Euroregion Elbe/Labe: 14 Tage Kunst und Kultur von Nachbarn für Nachbarn und tschechisch-deutsche Begegnungen auf beiden Seite der Grenze (www.tdkt.info).

Jazztage Dresden: Sachsens größtes Jazzfestival mit internationalen Stars (www.jazztage-dresden.de).

Hybrid: Biennales Festival für digitale Künste. Hellerau – Europäisches Zentrum der Künste (www.hybrid-space.org).

DEZEMBER

Striezelmarkt: 1434 zum ersten Mal abgehalten, ist er der älteste beurkundete Weihnachtsmarkt Deutschlands (https://striezelmarkt.dresden.de). Verteilt über das Stadtgebiet gibt es außerdem rund ein Dutzend weitere Weihnachtsmärkte.

Cityatlas

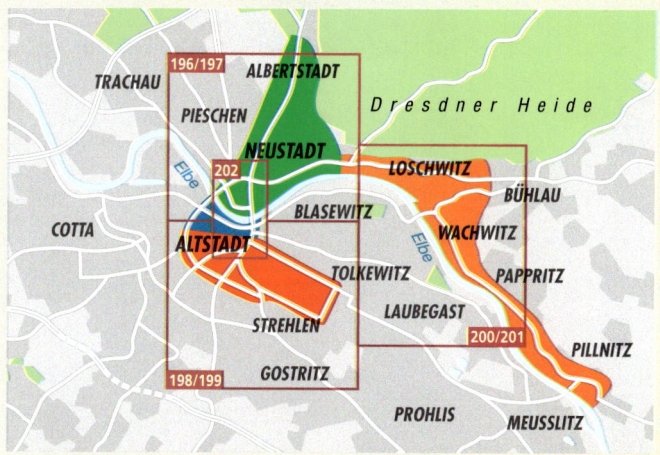

Legende

Information		Post	
Museum		Taxi-Standplatz	
Theater, Oper		Berggipfel	
Denkmal, Monument		Aussichtspunkt	
Kirche, Kapelle		Zoo	
Synagoge		S-Bahn mit Station	
Turm		Parkeisenbahn	
Krankenhaus		Seilbahn	
Parkplatz; Parkhaus		TOP 10	
Freibad		Nicht verpassen!	
Hallenbad		Nach Lust und Laune!	

1 : 21 000

0 — 500 — 1000 m
0 — 500 — 1000 yd

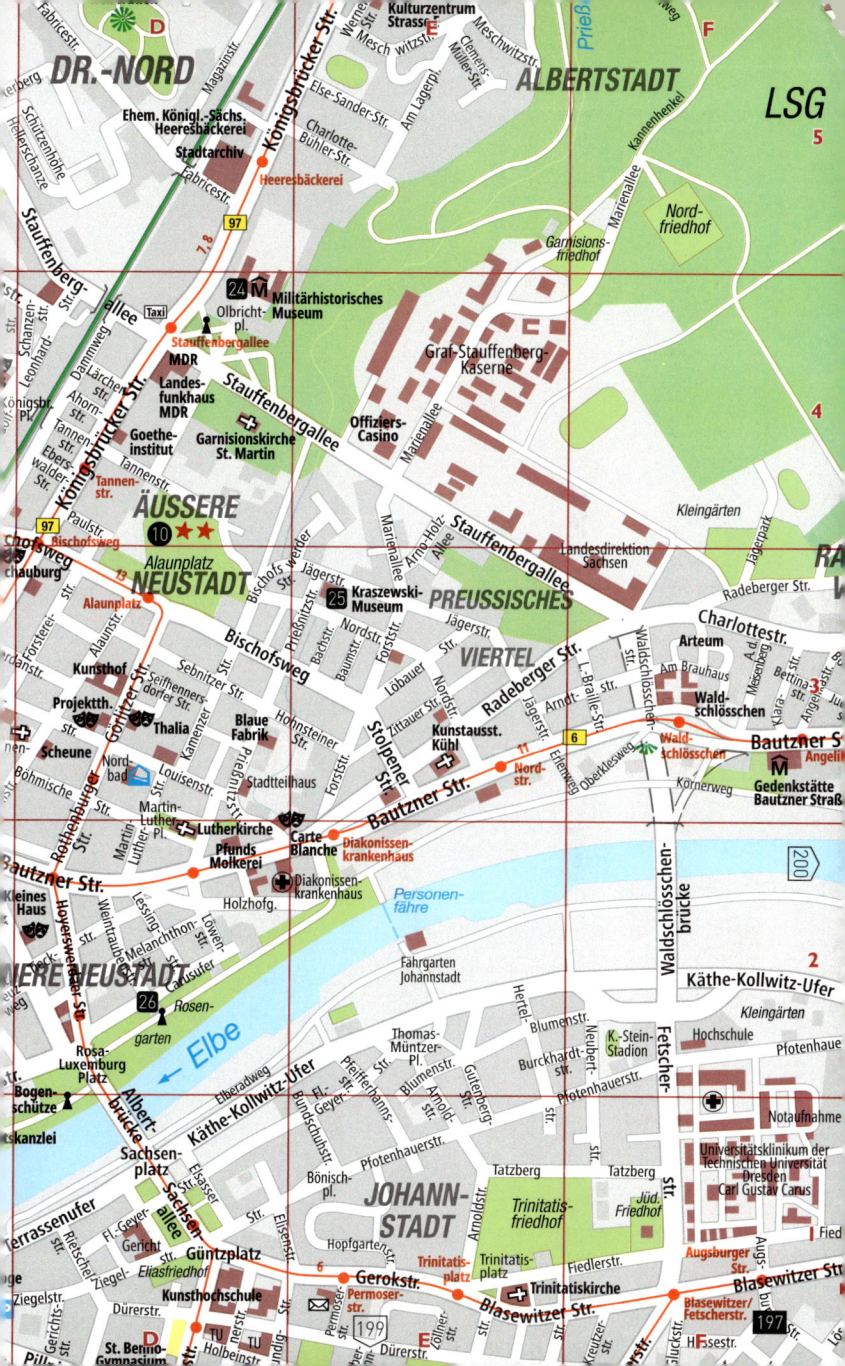

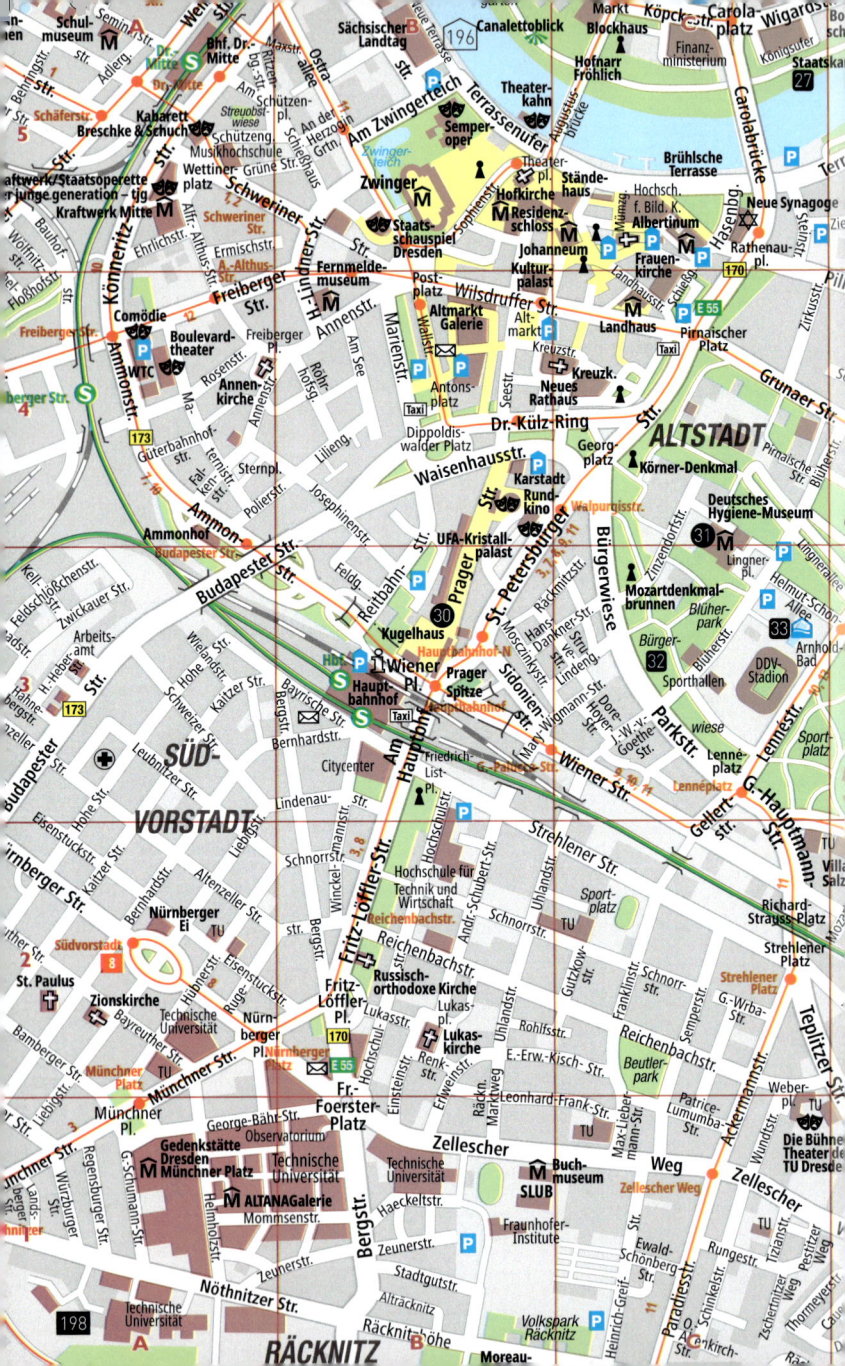

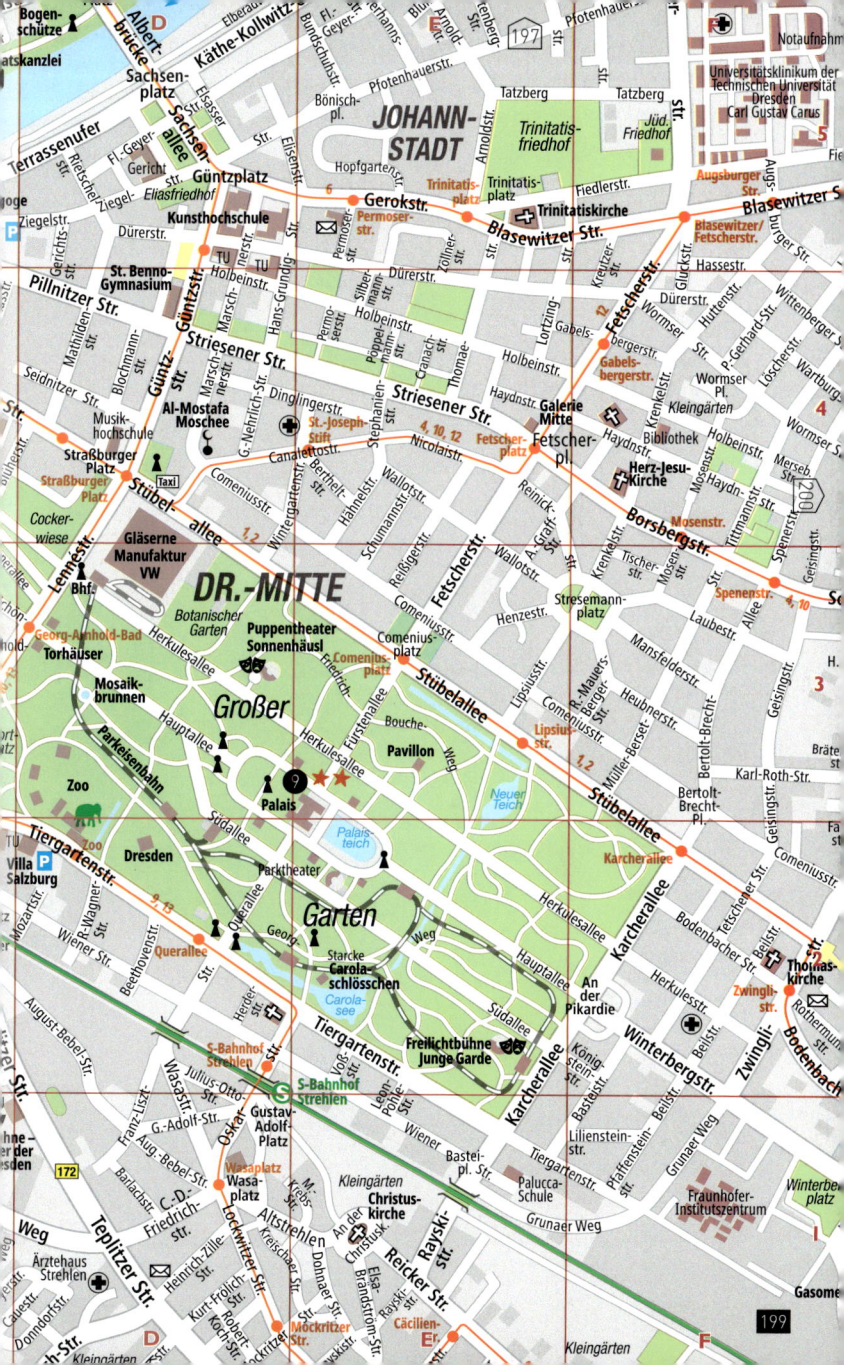

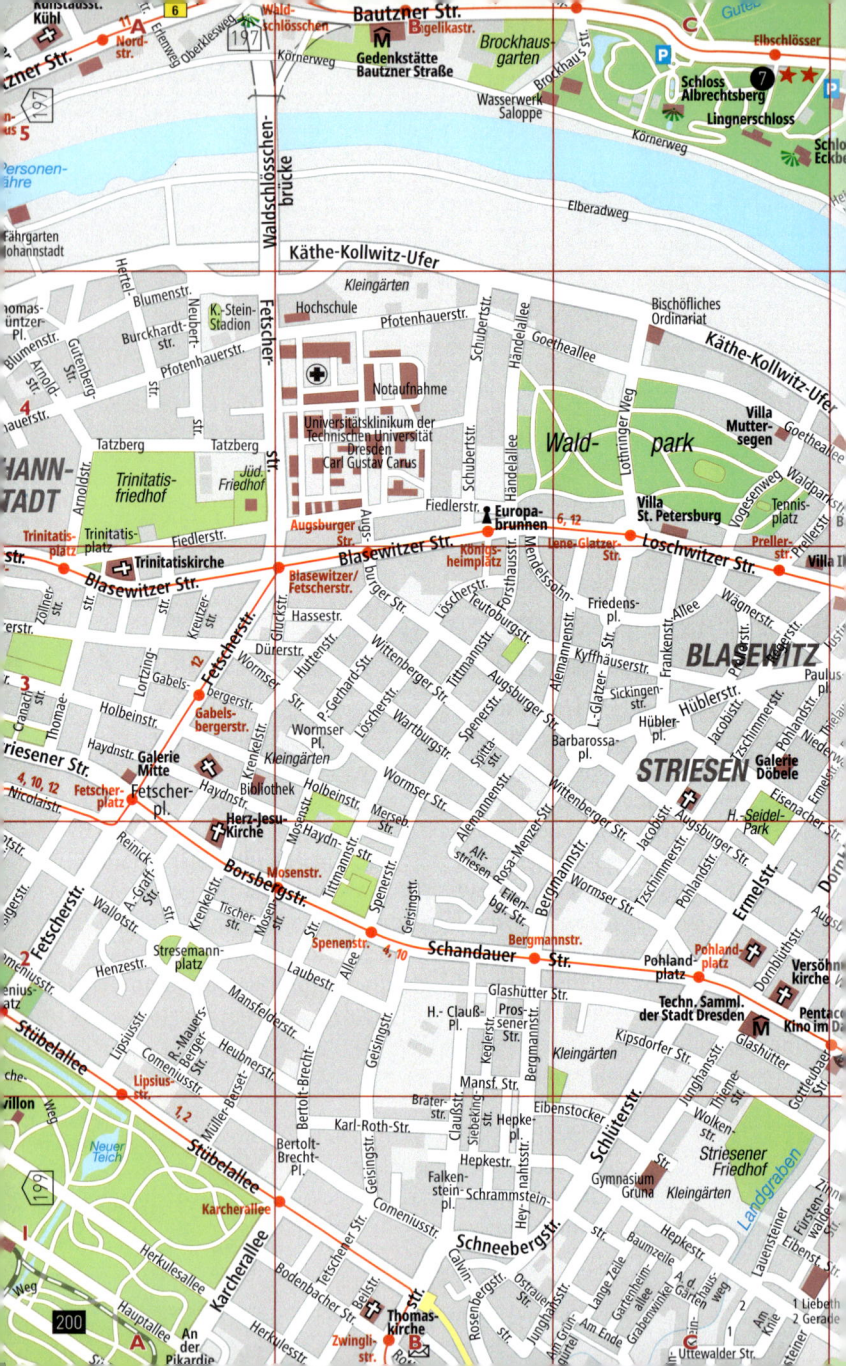

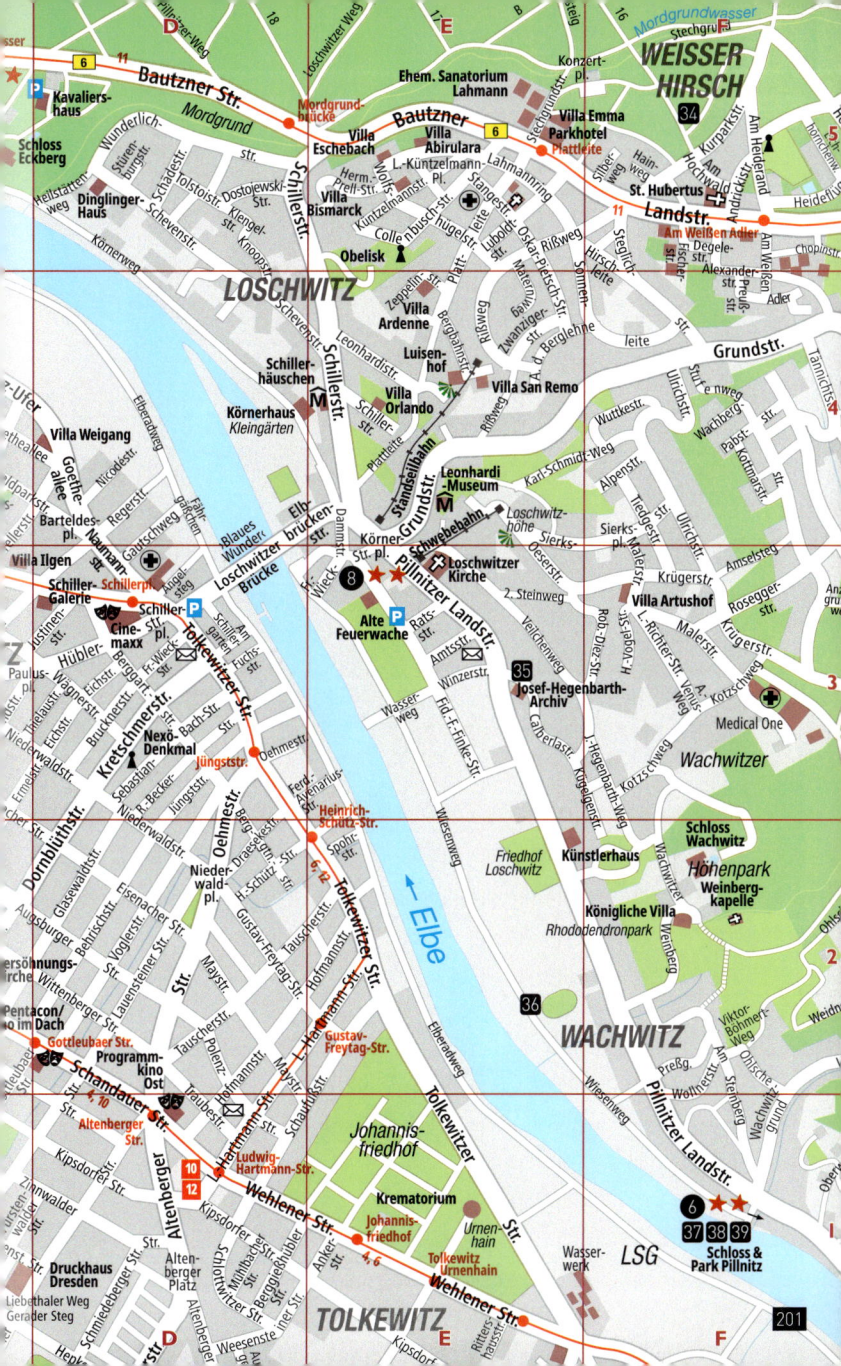

Straßenregister

2. Steinweg   201 E3

A
Ackermannstr.   198 C2
Alaunpl.   197 D3
Alaunstr.   202 D5
Albertbrücke   197 D1
Albertpl.   202 C5
Albertstr.   202 C4
Alemannenstr.   200 B3
Alexander-
   Puschkin-Pl.   196 B3
Alfred-Althus-Str.   196 A1
Alpenstr.   201 F4
Altenberger Pl.   201 D1
Altenberger Str.   201 D1
Altenzeller Str.   198 A2
Altmarkt   202 B1
Altstrehlen   199 E1
Am Brauhaus   197 F3
Am Hauptbahnhof   198 B3
Am Lagerplatz   197 E5
Am Schießhaus   196 A1
Am Schwarzen Tor   202 C4
Am See   198 B4
Am Zwingerteich   196 B1
Ammonstr.   198 A4
An der Christuskirche   199 E1
An der Frauenkirche   202 B2
An der Herzogin
   Gärten   196 B1
An der Kreuzstr.   202 B1
An der Metzer Str.   202 C4
An der Pikardie   199 F2
Andreas-Schubert-Str.198 F2
Ankerstr.   201 E1
Annenstr.   198 A4
Anton-Graff-Str.   200 A2
Archivstr.   202 C4
Arndtstr.   197 F3
Arno-Holz-Allee   197 E4
Arnoldstr.   197 E2
Augsburger Str.   201 D2
August-Bebel-Str.   199 D2
Augustusbrücke   202 B3
Augustusstr.   202 B2

B
Barbarossapl.   200 C3
Bärensteiner Str.   200 C1
Barteldespl.   201 D4
Basteipl.   199 E1
Basteistr.   199 F2
Bautzner Landstr.   201 E5
Bautzner Str.   200 B5
Bayreuther Str.   198 A2
Bayrische Str.   198 B3
Beernhard-von-
   Lindenau-Pl.   202 A3
Beethovenstr.   199 D2
Behrischstr.   201 D2
Beilstr.   199 F2
Berggartenstr.   201 D3
Bergmannstr.   200 B2
Bergstr.   198 B1
Bernhardstr.   198 A3
Bertolt-Brecht-Allee   199 F3
Bertolt-Brecht-Pl.   200 B1
Bischofspl.   196 C4
Bischofsweg   197 D3
Bischofswerder Str.   197 E3
Blasewitzer Str.   197 F1
Blüherstr.   198 C3
Blumenstr.   197 E2
Bodenbacher Str.   200 B1
Böhmische Str.   197 D3
Borsbergstr.   199 F4
Brockhausstr.   200 C5
Brucknerstr.   201 D3
Brühlsche Gasse   202 B2
Brühlscher Garten   202 C2
Buchenstr.   196 C4
Budapester Str.   198 A3
Bundschuhstr.   197 E2
Bürgerstr.   196 A4
Bürgerwiese   198 C3

C
Cäcilienstr.   199 E1
Calberlastr.   201 E3
Calvinstr.   200 B1
Canalettostr.   199 E4
Carolabrücke   202 C2
Carolapl.   202 C3
Carolinenstr.   202 C5
Carusufer   197 D2
Caspar-David-Friedrich-Str.
199 D1
Charlotte-Bühler-Str.   197 E5
Collenbuschstr.   201 E5

Comeniusplatz   199 E3
Comeniusstr.   199 E3
Conradstr.   196 C4

D
Dammstr.   201 E4
Dammweg   196 C3
Deffreggerstr.   199 E1
Devrientstr.   196 B2
Dinglingerstr.   199 E4
Dippoldiswalder Pl.   198 B4
Dohnaer Str.   199 E1
Dore-Hoyer-Str.   198 C3
Dornblüthstr.   201 D2
Dorotheenstr.   199 E1
Dostojewskistr.   201 D5
Dr.-Friedrich-
   Wolf-Str.   196 C3
Dr.-Külz-Ring   198 B4
Dreikönigskirche   202 C4
Dürerstr.   199 D5

E
Egon-Erwin-Kisch-Str. 198 B2
Eibenstocker Str.   200 C1
Eichstr.   201 D3
Eilenburger Str.   200 B2
Einsteinstr.   198 B2
Eisenacher Str.   200 C3
Eisenbahnstr.   202 A5
Eisenberger Str.   196 A3
Eisenstuckstr.   198 A2
Elbbrückenstr.   201 D4
Elberadweg   197 D2
Elisenstr.   197 D1
Elsa-Brändström-Str.   199 E1
Elsasser Str.   197 D1
Enderstr.   201 D1
Erfurter Str.   196 B4
Erich-Ponto-str.   202 C4
Erlenstr.   196 C4
Erlweinstr.   198 B2
Ermelstr.   200 C2
Erna-Berger-Str.   202 C5
Ewald-Schönberg-Str. 198 C1

F
Fabricestr.   197 D5
Falkensteinpl.   200 B1
Fetscherpl.   199 F4
Fetscherstr.   197 F1

Register

akg-images: 19, 20/21, 25 (o.l./o.r.)

Bildagentur Huber: Szyszka 28, S. Raccanello 6 (3), 12/13, 52

Deutsches Hygienemuseum: Sandra Neuhaus 122

Dieterich, W. : 143, 185, 153

DuMont Bildarchiv/Peter Hirth: 6 (1, 10), 35 (u.r.), 41, 60, 72/73, 93, 134 (o.), 139 (M.), 161, 176/177

DuMont Bildarchiv/Martin Kirchner: 14, 15, 20 (l./M.), 21 (r.), 38 (u.r.), 46, 59, 67, 78 (u.r.), 82, 92, 96, 113, 116/117, 117, 119, 121, 123, 128/129, 139 (o.), 147, 154/155, 157, 158, 159, 163, 164, 175

DuMont Bildarchiv/Thomas Rötting: 6 (o.r.), 22, 23, 35 (o.l.), 36 (l.), 36 (r.), 37, 38 (l.), 38 (o.r.), 39, 44, 45, 54, 55, 81, 84, 85, 89

DuMont Bildarchiv/Ernst Wrba: 5 (u.), 6 (4, 7, 9), 10 (o.), 30/31, 35 (o.), 49, 58, 71, 77 (u./o.), 79, 102/103, 107 (M./r.), 108, 109, 111, 126 (o.), 127, 134 (u.), 135, 136, 136/137, 137, 142, 146, 167

Freyer, R.: 53, 86 (u.), 90, 95, 110, 120, 165, 166

Gill, R. M.: 64

Hofcafé Dresden: 80

Ihlow, F.: 6 (6, 8), 16 (o.), 17 (o. r./M.), 25 (u.) © VG Bild-Kunst 2023, 46, 47, 65, 91, 112, 118, 139 (u.), 144, 149, 160, 162

IstockPhoto: 168/169

laif: Theodor Barth 5 (o.), Hans-Bernhard Huber 10 (u.), Peter Hirth 26, 29, Dorothea Schmidt 68, Michael Amme 101

LOOKphotos: Ernst Wrba 86 (o.), age fotostock 126 (u.)

mauritius images: Westend 61/Werner Dieterich 9, Diversion 27, imagebroker/Marc Rasmus 35 (o.M.), Günter Gräfenhain 140, Superstock/Fine Art Images 48, foodcollection 150, Peter Lehner 6 (5), 63, Gregor Lengler 133 (o.), René Mattes 78 (u. r.), Alamy/Oetzi70 83

picture-alliance: ZB 17 (o.l.), Thomas Lehmann 107 (o.l.)

Staatl. Kunstsammlungen Dresden: Jürgen Lösel 36 (o.M.)

Weigt, M.: 145, 152, 170, 172, 174

Zoo Dresden: Simone Hofmann 115

Titelbild: U1 oben: Pierre Adenis/laif

U1 unten: Thomas Linkel/laif

U8: Getty Images / Manfred Gottschalk

© MAIRDUMONT, Ostfildern

5., aktualisierte Aufl. 2024

Text: Angela Stuhrberg
Überarbeitung und Fortführung: Angela Stuhrberg
Redaktion: Achim Bourmer

Kartografie: KOMPASS-Karten GmbH, A-6020 Innsbruck;
MAIRDUMONT, D-73751 Ostfildern
3D-Illustrationen: jangled nerves, Stuttgart

Printed in China

Trotz aller Sorgfalt von Autorinnen, Autoren und Redaktion sind Fehler und Änderungen nach Drucklegung leider nicht auszuschließen. Dafür kann der Verlag keine Haftung übernehmen. Berichtigungen, Kritik und Verbesserungsvorschläge sind uns jederzeit willkommen, bitte informieren Sie uns unter:

Baedeker Redaktion
Postfach 3162
D-73751 Ostfildern
Tel. 0711 45 02-262
smart@baedeker.com
www.baedeker.com

FSC
www.fsc.org
MIX
Papier aus ver-
antwortungsvollen
Quellen
FSC® C124385